착한 리더가 온다

착한 리더가 온다

1판 1쇄 인쇄 2023년 1월 10일
1판 1쇄 발행 2023년 1월 20일

지은이 김태윤
발행인 김형준

편집 구진모, 최지은
마케팅 김수정
디자인 최치영

발행처 체인지업북스
출판등록 2021년 1월 5일 제2021-000003호
주소 경기도 고양시 덕양구 삼송로 12, 805호
전화 02-6956-8977
팩스 02-6499-8977
이메일 change-up20@naver.com
홈페이지 www.changeuplibro.com

ⓒ 김태윤, 2023

ISBN 979-11-91378-29-0 (13320)

체인지업북스는 내 삶을 변화시키는 책을 펴냅니다.

꼰대가
되지 않기 위한
품격 있는 리더의 길

착한
리더가
온다

김태윤 지음

체인지업
CHANGEUP

당신은 관리자입니까?
리더입니까?

22년간 대한민국에서 직장생활을 했습니다. 수많은 리더를 만났습니다. 그리고 그들의 흥망성쇠(興亡盛衰)를 옆에서 지켜봤습니다. 그리고 업무 특성상 운이 좋아 고인이 되신 이어령 교수님부터 수많은 리더를 만날 수 있었습니다. 그리고 학문적으로도 리더쉽 분야를 연구하며 제가 내린 결론을 한 줄로 요약하면 다음과 같습니다.

'수신제가 치국평천하(修身齊家 治國平天下)'
'몸을 닦고 집을 안정시킨 후 나라를 다스리며 천하를 평정함'

이는 유교에서 강조하는 바른 선비의 길입니다. 먼저 자신의 몸을 바르게 한 후에 가정을 돌아보고, 그 후에는 나라를 다스리며,

마지막에는 천하를 경영해야 한다는 의미입니다. 아무리 명석한 리더라도 자신의 몸을 바르게 하지 않고, 가정과 직원들을 돌보지 않는 리더는 오래 가지 못했습니다. 기본적인 태도가 바르게 된 후에 바른 리더십이 발현되는 이치입니다.

하지만 디지털 트랜스포메이션이 가속화 되며 기존의 이론과 가치관이 부정되고 있는 지금, 세상이 원하는 리더십을 갖추기 위해서는 중요한 것이 하나 빠져있습니다. '수신제가 치국평천하(修身齊家 治國平天下)' 이후 다시 한번 '수신(修身)'을 거쳐야 합니다. 여기서 '수신(修身)'이란 리더로서 불확실한 현대사회에서 살아남기 위해 평생 학습자로서 자신의 지식을 닦는 '수신(修身)'을 의미합니다.

학문적으로도 서번트 리더십, 변혁적 리더십 등이 대두되었지만 이론 이상으로 설명할 수 없는 사회적 현상이 우리의 경영 환경을 장악하고 있습니다. 우리는 현재 혹독한 '위드 코로나' 시대를 경험하고 있습니다. BC, AD의 의미가 'Before Christ', 'Anno Domini' 였지만, 이제는 'Before Corona'와 'After Disease'로서 코로나19 전후로 구분되는 미증유의 세상을 살고 있습니다. 공공장소에서 마스크 없이는 '인간'(호모 마스쿠스·Homo Maskus)으로 취급받지 못하는 안타까운 시대이기도 합니다.

더욱이 우리는 '4차 산업혁명 시대'임과 동시에 자의 반 타의 반

지금 3개의 땅에서 살고 있습니다. 아날로그와 디지털, 그리고 이 둘을 연결하는 메타버스입니다. 이 3개의 땅에서 먹고 살려면 기본적인 원리를 이해해야 합니다. 그래야만 디지털 시대에 단순 '소비자'가 아닌 '생산자'의 삶을 살 수 있습니다. 리더라면 지금 내 사업과 비즈니스를 디지털과 메타버스로 연결해내는 상상력이 무엇보다 요구되는 시대이기 때문입니다.

또한 조직 내에서는 1980년대 초~2000년대 초에 출생한 세대를 가리키는 'MZ세대'를 중심으로 쇄신의 바람이 거셉니다. 노동유연성과 워라밸을 중시하는 젊은 직원들의 부상으로 기존의 사고방식과 제도를 거부하고, 시대에 맞는 새로운 제도와 조직문화를 당당하게 요구하고 있습니다.

이런 경영 환경이 기존의 리더십을 넘어 우리에게 새로운 리더십을 요구하고 있습니다.

좀 더 명확히 이야기하면 조직이 그리고 후배 직원들이 단순한 '관리자'가 아니라 ESG 시대 조직의 변화를 선도하는 업무 전문성을 가진 공정한 '리더'를 원하고 있습니다.

"관리자는 '하라'고 하고, 리더는 '하자'고 합니다."
젊은 직원들에게 일방적인 명령 화법은 이제는 통하지 않습니다. 리더가 먼저 솔선수범하며 "같이하자"라고 권유하고 그들을 명확히 동기부여 할 때 그들은 반응합니다.

하지만 우리 주변에는 관리자가 차고 넘칩니다. 내가 제일 잘 알고, 내가 선(善)이며, 나만 따르라는 소영웅주의에 흠뻑 빠진 관리자들이 너무 많습니다.

문제는 기성세대가 과거 유교 문화에 젖어 있다 보니 수평적 리더십을 어색해한다는 점입니다. 더욱이 이들이 중요한 의사결정을 일방적으로 독점하며 젊은 직원들로부터 '꼰대'라는 비판을 받고 있습니다. 나와 연결된 모든 사람을 존중하는 것, **선한 영향력을 펼치는 착한 리더, 그것이 ESG 시대가 원하는 진정한 리더상이기 때문입니다.**

20세기 관리자의 시대는 가고, 21세기 4차 산업혁명을 이끌 새로운 리더의 시대가 도래했습니다. 하지만 여전히 관리자와 리더의 기본적인 차이조차 구분 못 하는 사람들이 사회 곳곳을 점하고 조직 내 불편함을 가져옵니다. 세상은 이미 '메타버스시대'의 궤도로 올라타는데 우물 안 개구리처럼 대학 졸업 때 지식수준으로 현재의 경영 환경을 감으로 판단하는 우를 범합니다. 배움을 게을리해서 성장이 특정 연령에 멈춰있는 제왕적 리더들이 우리 사회에 만연해 있습니다.

과거에는 회사가 힘들 때면 연례행사처럼 '비상 경영'을 선포하고 고통 분담을 핑계로 위기를 탈출하면 된다고 생각했습니다. 조직 비전과 목표를 구성원과 일치시키는 동시에 회사 이익을 최우선 순위에 두었습니다. 하지만 MZ세대는 공정과 합리적 의사결정에 관심이 많습니다. 회사가 어려워진다면 회사를 위한 맹목적 헌신보다 더 좋은 곳으로 이직이 당연시되는 시대입니다. 회사와 내가 동일시되던 '평생직장'의 시대는 이미 한참 지난 옛 추억이 되었습니다.

조직문화에서도 사회적 거리 두기로 급하지 않은 회의와 출장이 줄어들고, 불필요한 대면 회의도 많이 없어졌습니다. 하지만 놀라운 것은 우리가 처음에 걱정했던 부작용이 크지 않았습니다. 조직 대부분이 비대면 업무를 시행한 후 업무 효율이 비슷하거나 좋아졌다고 합니다. 젊은 직원들의 만족도는 오히려 높아졌습니다. 이건 무슨 의미일까요? 우리가 그동안 신앙처럼 믿었던 대면 보고, 대면 회의나 출장이 생산성 향상과 비례하지 않다는 것입니다.

"코로나19 이전의 일상은 다시 돌아오지 않는다."

과거 질병관리본부 관계자의 이 말은 모든 국민에게 큰 충격을 주었습니다. 지금은 우리 사회와 조직이 코로나19 이후 바뀔 일상을 전과 다름없이 풍요롭게 만들어 가기 위해 격식을 배제하고 효율을 높여 조직경쟁력 제고를 위한 각고의 노력이 절실합니다.

혹자는 "지금은 코로나 블루가 아니고 코로나 블랙 시대입니다." 라는 말을 했습니다.

지금 상황을 이보다 더 정확히 표현할 수 있을까요? 모든 사람이 어두운 긴 터널 속에 몇 년째 갇혀 있는 기분입니다. 어디쯤 끝나는지 알 수 있으면 덜 불안할 텐데 도무지 보이지 않습니다. 예측할 수 없는 상황은 불안을 일으키고 일상의 변화는 조직 내부에 엄청난 스트레스를 야기하고 있습니다.

이럴 때일수록 리더는 할 수 있는 일과 할 수 없는 일을 구별하고, 해야 할 일과 하지 말아야 할 일을 구별하는 혜안이 필요합니다. 그리고 우선순위 과제에 조직의 모든 인적, 물적 자원을 쏟아부어야 합니다. 조직 차원에서도 명확하고 합리적인 기준을 통해 개인들은 신뢰와 자유를 보장받고 일과 삶의 균형을 유지할 수 있도록 해야 합니다.

조직 내 모든 구성원이 다 소중하지만 저는 리더의 중요함은 아무리 강조해도 지나치지 않다고 생각합니다. 조직 내 리더들의 그릇만큼 회사도 성장하기 때문입니다. 조직 내 리더의 수준이 조직의 운명을 좌우합니다. 한 명의 리더가 국가를 망하게 할 수도 망한 국가를 역으로 살릴 수도 있습니다.

과거 1960년대 필리핀은 아시아 최고 부국이었습니다. 그 당시 가난한 우리나라를 위해 장충체육관을 지어주고 엘리베이터도 수출했습니다. 장기간 집권했던 대통령이 개인적인 사익에 몰두해 지금은 최빈국의 삶을 살고 있습니다.

반면 1960년대 초 독립한 싱가포르는 가진 게 아무것도 없는 매춘과 마약이 넘치는 작은 항구도시였습니다. 하지만 지금은 국민소득 6만 달러가 넘습니다. 세계적 글로벌 기업을 가장 많이 유치했습니다. 싱가포르 국민들은 오랜 기간 총리였던 리콴유 덕분이라고 이구동성으로 말합니다.

좋은 리더가 되기 위해 관련 책을 수백 권 읽어도 리더십을 가르치는 교수는 될 수 있지만 현명한 리더가 되기는 쉽지 않습니다. 리더는 현장에서 답을 찾기 위해 극복하는 과정에서 자연스럽게 리더십을 터득하기 때문입니다. 리더는 상황변화에 적응하면서 조직과 함께 성장합니다.

그런 면에서 리더는 남들보다 먼저 위기의식을 가져야 합니다. 필요에 따라서는 '없는 위기도 만들 수 있어야 합니다'. 반면 최악의 리더는 모두가 위기라고 하는데 본인만 문제없다고 말하는 사람입니다.

리더는 위기 속에서 하늘의 기준이 되는 '북극성'처럼 조직의 나아갈 비전과 방향을 제시해야 합니다. 조직을 어떤 방향으로 가는지 쉽게 그려주고 조직원을 가슴 뛰게 해야 합니다. 명확한 비전이나 방향이 없는 조직은 재앙을 맞게 됩니다.

재앙을 뜻하는 'disaster'가 사라진다는 뜻의 'dis'와 별을 뜻하는 'aster'로 구성된 걸 보면 알 수 있습니다. 그리고 그 비전과 방향에 맞게 인력과 시스템, 조직문화를 연결하는 것이 리더의 최우선 역할입니다. 기본에 충실하되 발은 현장에 두고 시선은 먼 미래를 바라볼 수 있는 사람이 진정한 리더입니다.

그런 의미에서 이 책은 '몸을 닦고 집을 안정시킨 후 나라를 다스리며 천하를 평정한다'라는 뜻을 가진 '수신제가 치국평천하'(修身

齊家 治國平天下)를 주제로 리더십에 대한 이야기를 풀어나가고자 합니다.

  모든 시작과 끝은 '자신'으로부터 시작합니다. 나의 성장이 곧 조직의 성장을 의미하기 때문입니다. 리더는 '다른 사람'이 아니라 '어제의 나'와 경쟁하는 사람입니다. 이 책은 일반 경영서에 나오는 거대 담론보다는 평범한 직장인의 한사람으로서 현재 각 조직에서 일어나고 있는 다양한 현상을 같이 고민해 보고, 함께 해결책을 찾아보는 의미 있는 시간이 되었으면 더할 나위 없이 좋을 것 같습니다.

  P.S 이 책이 더 단단해질 수 있게 물심양면으로 애써주신 체인지업북스 김형준 대표님과 최지은 편집자님께 감사드립니다. 또한 오늘의 나를 있게 해 주신 오래전 홀로 되신 어머니와 귀한 딸을 선뜻 주신 구미에 살고 계신 장인 장모님께도 감사드립니다. 또한 글을 쓰는 오랫동안 묵묵히 응원하고 힘을 불어넣어 준 이 세상에서 가장 소중한 아내와 사랑하는 딸 시현이에게 특별히 감사한 마음을 전합니다.

김태윤

목차

PART **1**　　　　　　　　　　　　　　　　修身

몸과 마음을 가지런하게 하다

PART **2**　　　　　　　　齊家

직원들을 내 가족처럼 섬기다

PART **3** 治國

조직을 현명하게 이끌다

PART **4** 平天下

세상에 선한 영향력을 전파하다

PART 5 修身

배움을 통해 몸과 마음을 다시 닦다

修身

몸과 마음을
가지런하게
하다

진짜
'나'를 대면하다

"**결국에는 우리 모두 죽는다**(In the long run we are all dead)."

보통의 사람들은 나의 죽음이 임박하기 전까지 이 사실을 무시하거나 모른 척하는 경향이 있습니다. 어찌 보면 중국의 진시황(秦始皇)처럼 부지불식간에 불멸에 대한 믿음이 있는 것처럼 보이기도 합니다.

이웃과 등지고 살던 구두쇠 스크루지 노인이 자기 생각을 바꾼 것도 유령이 보여준 자신의 사망 소식 때문이었습니다.

과거 로마 시절 개선장군이 시가행진할 때 '**죽음을 기억하라**'라는 뜻의 '**메멘토 모리**(Memento Mori)'를 외치게 했습니다. 오늘은 개선장군이지만 당신도 언젠가 죽을 것이니 겸손해지라는 의미였습니다.

인간에게는 확실한 3가지, 불확실한 3가지가 있다고 합니다.

확실한 것은 '누구나 죽는다. 언젠가 죽는다. 죽을 때 아무것도 가져갈 수 없다.'
불확실한 것은 '언제 죽을지 모른다. 누가 먼저 죽을지 모른다. 어떻게 죽을지 모른다.'

이런 죽음이 우리에게 주는 의미 때문인지 국내에서 한동안 '아침에는 죽음을 생각하는 것이 좋다'라는 책이 베스트셀러가 되기도 했습니다. 사실 우리는 모두 시한부 인생입니다. 이런 의미에서 죽음은 우리의 삶을 더 농밀하게 만들어줍니다.

우리는 그동안 부장을 달기 위해, 임원 승진을 위해, CEO를 달기 위해 무작정 앞만 보고 달려왔습니다. 지금부터 우리는 좀 더 단단한 인생을 살기 위해 자신의 그간 삶을 돌아보고 진정한 자아를 만나는 시간을 정기적으로 가져야 합니다.

복잡하고 바쁜 일상 속에서도 리더라면 더욱더 자기 내면에 있는 진정한 자아와 만나는 시간을 매일 매일 확보해야 합니다. 그래야만 세상 풍파에 흔들리지 않고 리더로서 내 인생의 주인공으로서 북극성을 향해 나아갈 수 있습니다.

회사에서는 리더일지라도 집에서는 배우자로서의 할 일을 해야 하고 자녀를 다른 사람 부럽지 않게 키워야 하고 때로는 연로하신 부모를 모셔야 합니다. 조직 내에서는 직장 상사를 받들어야 하고, 후배들을 올바르게 이끌어야 합니다. 다양한 임무를 수행하다 보면 정작 우리 자신을 마주할 겨를이 없습니다. 다른 사람에 대해서만 너무 많이 알고, 남의 인생만 살다 보면 내 삶을 비극적으로 마감할 수 있습니다.

애니메이션 시리즈 '쿵푸 팬더'라는 영화가 있습니다. 1편에서 주인공 판다 '포'가 용의 전사로 변신해 가는 가족 영화입니다. 특히 마지막 장면이 많은 사람에게 울림을 주었습니다. 온갖 고생 끝에 용 문서를 구해 펼쳐보니 고수가 되는 비법은 없고 백지에 거울만 달랑 붙어 있었습니다.

또한 주인공은 용 문서를 빼앗으려는 악당 타이렁에게 이렇게 말합니다.

"세상에 특별한 비법은 존재하지 않아. 오직 네가 있을 뿐이야."

집에 돌아온 주인공에게 국수 명장 아버지도 비슷한 말을 합니다.

"너에게 말해줄 게 있는데…. 실은 국물의 비법은 따로 없다는 거야."

용 문서의 비전(秘傳)과 국물 비법은 똑같이 처음부터 없었던 것입니다. '자기다움'이 용의 전사와 국수 장인의 비결이었습니다.

리더십도 이와 맥락을 같이 합니다. 한 번에 반짝 효과를 보는 로또 같은 리더십은 존재하지 않습니다. 가장 중요한 것은 기본이 쌓인 '자기다움' 그리고 자신의 내면의 소리에 충실한 것이 비결입니다. 리더십의 시작은 대단한 비법을 위해 창문 밖을 기웃거리기보다 거울 속의 내 모습을 성찰하고 수양함으로써 진짜 나의 모습을 찾는 것에서부터 발원하기 때문입니다.

직장인으로서 우리는 아침에 출근해서 밀린 메일을 보고, 결재하고, 회의를 하다 보면 일과의 대부분이 지나갑니다. 조금은 번아웃 상태로 집에 와서 다시 내일 일할 에너지를 충전합니다. 마치 자신의 핸드폰을 충전 케이블에 꽂아놓듯이 말입니다. 주말이 되면 지친 몸을 위해 부족한 잠을 자거나 TV, 유튜브 등을 통해 리프레쉬를 합니다. 일반 직장인이라면 흔히 겪는 일상일 것입니다.

과거에는 그런 식으로 살아왔더라도 리더라면 뭔가 좀 달라져야 한다고 생각합니다. 이어령 전 교수는 최고경영자를 가리키는 말로써 비즈니스맨보다 기업가(企業家)란 말이 더 적합하다고 언급했습니다. '企'(기)란 사람(人)이 멈추어 서서(止) 성찰하는 의미가 있지만, '비즈니스맨'은 말 그대로 비지(Busy)한 면만을 부각했기 때문이라고 지적한 바 있습니다.

'성공하는 사람들의 7가지 습관'의 저자 스티븐 코비 박사도 여덟 번째 습관으로 '내면의 소리를 들어라'를 꼽았습니다. 열정을 갖고, 자신이 세상에 필요한 존재임을 느끼며 내면의 소리에 충실히 소명 의식을 가지고 일할 때 진정한 성공에 이를 수 있을 것입니다. 애플의 CEO 스티브 잡스도 동양의 '선'(禪)에 푹 빠져서 아침저녁으로 규칙적으로 명상을 했고 그것이 창의력과 통찰력의 근간이 되었다고 고백한 바 있습니다.

애플은 물론 구글·야후·맥킨지·IBM·시스코 등 내로라하는 대기업들이 '명상 교육' 프로그램을 운영하거나 '명상실(meditation room)' 같은 공간을 마련해 임직원들의 마음을 체계적으로 관리하고 있습니다.

윌리엄 조지 하버드대 경영대학원 교수는 "명상은 분주한 생활 속에서도 현재 일에 온전히 집중하게 해 업무 효율성을 높여주는 것은 물론 리더로서 동료와 협력하고 더 나은 결정을 내리는 데도 도움을 준다"라고 주장했습니다.

아메리칸 인디언들에게는 다음과 같은 일화가 있다고 합니다.

'인디언들은 들판에서 말을 타고 한참 달리다가 잠시 멈추고서 뒤를 돌아보는데, 이유는 너무 빨리 달리면 영혼이 못 따라올까 봐 영혼을 기다려 주는 것'이라고 합니다.
자신과의 대면을 통해 개인의 변화를 시작으로 조직과 더 나아가 소속된 사회와 세계를 변화시킬 에너지를 모을 수 있습니다. 이런 과정을 통해 자신은 물론 직장동료들, 더 나아가 소중한 고객까지 사고를 확장할 수 있기 때문입니다.

최근 밀레니얼 세대 사이에서는 MBTI 성격 유형 검사가 크게 유행했습니다. 자기가 어떤 유형에 속하는지를 탐험하고 SNS 등에 오늘도 부지런히 퍼 나르고 있습니다.

그렇다면 자기 탐험의 시작은 무엇일까요? 우리는 자신을 잘 아는 것 같지만 실제로는 잘 알지 못합니다. 바쁜 일상으로 인해 나의 적성이 무엇인지, 내가 정말 하고 싶은 것이 무엇인지 잘 모르는 사람들이 의외로 많습니다.

'세상에서 만나기 가장 힘든 사람은 유명 연예인이 아니라 자기 자신'이라는 말이 있습니다.

리더라면 하루라도 빨리 내 인생의 주인공으로 선포해야 합니다. 개인적인 다이어리를 사용하든지 미라클 모닝을 통해 고독과 성찰의 시간을 따로 마련하든 자신만의 리츄얼을 만들든 '자신을 찾아 떠나는 여정'을 하루 빨리 시작해야 합니다. 그래야만 직장에서도 가정에서도 올바르게 자리 설 수 있습니다.

이것이야말로 **'수신(修身), 즉 나의 몸을 바르게 하는 첫 단추'**이기 때문입니다.

리더는
가장 늦게 먹는다

우리는 '천조국(千兆國)'이라고 불리며 전 세계 최강의 국방력을 자랑하는 미 해병대에 대해 많이 들어보았을 것입니다. 어느 세계적인 베스트셀러 작가가 미 해병대의 한 장군을 찾아가 성공 비결을 물어보았다고 합니다. 그가 그때 들은 대답이 의외였습니다.

"장교들이 마지막에 먹기 때문입니다."

"미 해병대에서는 가장 계급이 낮은 부하부터 먼저 식사하는 전통이 있습니다. 가장 높은 장교가 가장 마지막에 먹습니다. 누가 시켜서 그런 게 아니라 리더라면 부하들을 책임을 져야 한다고 배웠기 때문입니다."

미 해병대 리더는 자신 부하들의 삶까지 어루만져야 합니다. 이런 리더 밑에서 부하들은 '소속감'과 '안전감'을 느끼게 될 것입니다. 강력한 상호 신뢰로 인해 직원들도 그들의 리더와 조직을 위해 몸 바쳐 헌신하게 됩니다.

보통의 부모라면 자녀에게 먹을 것을 챙긴 뒤에 자신도 먹습니다. 아무 조건 없이 자녀들의 성장을 돕고 그들의 성공을 바랍니다. 잘 성장한 자녀가 대견스러울 때도 있을 것입니다.

리더십도 이와 같은 이치입니다. 직원을 자기 자식처럼 대우하고 성장을 적극적으로 지원해야 합니다. 리더십은 지위가 아니라 책임에서 나오기 때문입니다.

이라크 전쟁 당시에 어느 해병대 부대가 식사했습니다. 병사들에게 먼저 배식하고 나서 음식이 바닥을 드러냈습니다. 정작 장교가 먹을 게 없었습니다. 그러자 병사 한 명, 한 명이 자신의 음식을 기꺼이 장교에게 바쳤습니다. 리더가 우리를 위해 희생한다면 리더가 마지막에 먹는다고 해서 배고플 일은 생기지 않게 될 것입니다.

리더가 직원의 성장을 진심으로 바란다면, 직원들은 그 리더의 비전을 자신들의 최우선 순위에 놓을 것입니다. 반대로 리더가 개인의 이익을 직원보다 우선한다면 직원들 역시 자신의 이익을 최우선시할 것입니다. 그런 조직은 시간이 지날수록 점차 약해지고 머지않아 사라질 것입니다.

회사도 마찬가지입니다. 직장 내에서 상사나 사람에 대해 스트레스를 느끼지 않는다면 건강한 조직입니다. 특히 이것은 부서장이나 경영진을 두려워하지 않는다는 것을 의미합니다. 직원 개개인이 자존감을 가지고 직장생활을 영위할 수 있을 때 서로 신뢰하고 협력하게 됩니다.

이런 조직은 좀 더 쉽게 리스크를 극복할 수 있습니다. 남들 눈치를 보지 않고 좋은 아이디어를 편하게 개진하게 됩니다. 그래서 혁신이 쉽게 일어나고 성과 창출로 선순환됩니다.

우리가 조직 내에서 안전함을 못 느낀다면 조직 내 누군가로부터 우리 자신을 보호하기 위해 많은 시간과 에너지를 쏟아부어야 합니다. 상호 협력과 신뢰는 줄어들고 조직력도 시간이 흐를수록 약해질 것입니다.

우리는 누구나 리더가 될 수 있습니다. 우리 주변의 사람들을 진심으로 존중한다면 그 사람이 바로 리더이기 때문입니다. 직급이 낮아도 이 같은 리더 역할을 하는 사람이 종국에는 리더로 불리게 됩니다.

예전 어느 신문 기사에 미군 트위터에 사진이 한 장 올라왔습니다. "아프가니스탄을 떠나는 마지막 군인 사진"이었습니다. 그는 개인 화기를 들고 수송기에 오르기 직전이었습니다.

외신은 그가 육군 소장 크리스토퍼 도너휴 82공수 단장이라고 밝혔습니다. 국민이 아프가니스탄을 탈출하려고 몰려든 공항의 안전을 마지막까지 책임졌습니다.

시민과 부하들을 먼저 떠나보내고 마지막 비행기에 올라 자신의 사명을 완수했습니다. 그는 비행기가 이륙하자 무선 마이크를 통해 부하들에게 "여러분이 자랑스럽다"라고 메시지를 보냈습니다.

조직 생활을 오래 하다 보면 연차가 쌓이고 선배라는 위치에 서 있는 자신을 발견하게 됩니다. 안타까운 것은 성숙한 어른의 마음을 가진 상사들이 많지 않다는 것입니다. 변함없는 조직인데 과거처럼 멋있는 선배들이 사라진 이유는 무엇일까요?

그렇다면 '진정한 리더란 무엇일까요?' 매출을 많이 만들고, 순익을 많이 벌어 오는 사람일까요? 지금의 조직을 조금이라도 나은 방향으로 개선하고자 노력하는 리더들은 자신의 앞에 있는 '사람'에게 집중한다는 공통점이 있습니다. 가지각색의 조직원을 인간적으로 존중하고 그들의 마음을 하나로 통합하여 성과로 끌어내는 것이 진정한 리더일 것입니다.

'한 마리의 양이 이끄는 열 마리의 사자보다
한 마리의 사자가 이끄는 열 마리의 양이 더 세다.'
라는 말이 있습니다.
강하고 카리스마 있는 리더에 해당할 수 있지만, ESG 시대에는 솔선수범하는 섬김의 리더십에 더 가깝다고 할 수 있습니다.

영화 '위 워 솔저스'에 나오는 할 무어 중령은 베트남 전쟁에 떠나기 전 모든 병사와 가족들이 모인 자리에서 다음과 같이 말했습니다.

"나는 여러분을 무사히 데려오겠다는 약속은 해줄 수 없지만, 이것만은 맹세한다.

내가 맨 먼저 적진을 밟을 거고, 맨 마지막에 나올 거며, 단 한 명도 내 뒤에 남겨두지 않겠다."

특히 이러한 미 해병대 리더십을 논할 때 빠지지 않는 전설적인 지휘관이 있습니다.

해병대 4성 장군에 이어 미국 제26대 국방장관의 자리에 올랐던 짐 매티스입니다. 매티스는 용장인 동시에 학식과도 조예가 깊었습니다.

그런 그를 후배들은 '전쟁의 성자', '전사 수도승'으로 불렀습니다. 고전부터 동서고금의 전쟁을 다룬 역사와 철학책을 평생 손에서 놓지 않았기 때문입니다. 독서를 통해 전쟁을 이해하고, 전쟁의 화마에 둘러싸인 부하들의 목숨을 헛되이 할 수 없다는 것이 그의 철학이었습니다.

그런 매티스 장군이 후배 장교들을 다음과 같은 말을 남겼다고 합니다.

"기억하라…. 장교로서, 너는 이 전투 하나만은 꼭 이겨야 한다.

네 부대원의 마음을 얻기 위한 전투 말이다.

그들의 마음을 얻으면, 그들이 전투에 나가서 이겨줄 것이다.

리더십이란, 네 부대원의 영혼에 가 닿아서 책임과 목적의식을 불어넣어

어떤 난관이라도 극복하게 하는 것이다."

인성은 리더십의
시작이자 끝

베스트셀러 〈언어의 온도〉를 쓴 이기주 작가는 언어에도 온도가 있다는 사실을 많은 사람에게 각인시켜 주었습니다. 언어에 온도가 있듯이 사람에게는 원래 체온이 있습니다. 직장생활을 하다 보니 우리의 리더들도 자기만의 체온이 있다고 생각합니다.

코로나19로 인해 수년째 사람들의 마음과 몸이 피폐해져 있는 시대에 따뜻한 인성과 성품은 선택사항이 아니라 필수사항이 되었습니다. ESG 시대에 기업들에 대한 도덕적인 기준이 높아졌습니다. 리더들에 대한 시선도 마찬가지라고 생각합니다. 업무성과나 외형적인 결과 못지않게 그 과정이 정의로웠는지, 일방적이지 않고 직원들의 자발적 참여를 끌어냈는지도 중요해졌기 때문입니다.

무엇보다 인성에 문제가 있는 사람들은 자신만의 사익을 추구하기 때문에 종국에는 조직과 동료에게 해를 끼칩니다. 인성이 문제가 있는 사람이 한 명이라도 있는 부서는 톱니바퀴가 하나 빠져 있듯이 덜컹덜컹하며 불행의 길로 들어섭니다. 일반 직원의 인성도 이렇게 중요한데 리더의 경우는 더 문제가 커집니다. 리더의 인성에 문제가 있다면 개인의 차원을 넘어 조직의 차원으로 확대되기 때문입니다. 심한 경우 고압적인 언행, 인격모독 등으로 인해 우수직원들의 이탈이 발생하게 됩니다.

직장생활을 하다 보니 인성에 문제가 있는 리더를 종종 보게 됩니다. 심한 경우 사이코패스 성향을 지닌 경우도 있었는데, 독버섯으로 조직 내 한 곳을 웅크리고 차지하며 그 주변 환경을 순식간에 오염시켜 버리곤 했습니다. 하지만 경영진은 그 사람이 직원들의 영혼을 착취해서 쥐어짜서 올린 실적만을 보고 문제 부분을 간과하는 경우가 왕왕 있습니다. 그래서 무엇보다 조직이 건강해야 합니다. 독버섯이 생존할 수 없게 제도나 시스템을 갖추는 것은 물론 좋은 인성을 가진 직원과 리더가 많아지도록 서로 경계하고 지지해 주어야 합니다.

인성이 바쳐주지 않는 리더십은 세상에 존재할 수 없습니다. 처음 잠깐은 처세술로 통할 수 있지만, 시간이 지날수록 그 사람의 민낯이 드러나기 때문입니다. 과거처럼 부하 직원이 당하던 시대도 아닙니다. X세대까지는 윗세대들 영향을 받아 꾹꾹 참으며 사회생활을 했습니다. 하지만 지금 조직의 대부분을 차지하는

MZ세대는 비이성적인 성격 장애가 있는 사람을 보면 참지 않고 분노합니다. 자신이 조직을 떠날 각오를 하며 문제점을 바로 지적합니다.

우리 사회에 우스갯소리로 '**또라이 질량의 법칙**'이 있습니다. 어느 조직이든 '또라이 총량은 같다'라는 것입니다. 우리 조직에도 또라이가 있는지 수시로 돌봐야 합니다. 만약 조직 내 또라이가 없다면 내가 또라이 일수도 있다는 사실 또한 냉혹하게 생각해 보아야 합니다.

사람의 인성이나 인품을 이야기할 때 보통 '그릇'에 비유하곤 합니다. 사람의 그릇이 크다면 다른 사람의 의견은 물론 사회가 가진 다양한 담론까지 품을 수 있습니다. 리더로 성장하기 위해서는 옳은 일을 추구하는 선한 가치관을 확립해 나가야 합니다. 사람들은 조금만 대화해 보면 그 사람의 '그릇'을 금방 알 수 있습니다. 불변의 진리는 리더의 그릇 용량만큼 사람들이 모이고 따르게 되기 때문입니다.

우리는 직원을 채용할 때 기술과 배경, 그리고 교육을 잣대로 삼는다.
그런데 직원을 해고할 때는 거의 '언제나' 그 사람의 됨됨이를 문제 삼는다.
직원 채용에 관한 한 우리는 거꾸로 하고 있다.

– 존 G. 밀러, 〈아웃스탠딩〉 –

아무리 실력이 뛰어난 사람도 인성이 좋은 사람을 이기지 못합니다. '회사의 인격은 직원들 인격의 합'입니다. 이런 사유로 채용 시 그 사람의 인성을 맨 앞에 두어야 합니다.

그런 의미에서 구글은 직원 채용 시 업무 전문성 외에 책임감, 문제 해결력은 물론 다른 사람을 존중하는 마음 자세를 눈여겨본다고 합니다. '나도 틀릴 수 있다'라는 마인드로 다른 사람의 의견을 경청하는 '지적 겸손'을 중요한 평가요소로 삼습니다. 능력도 중요하지만, 동료와 진심으로 협력하고 상대를 존중하고 배려하는 인재를 높게 보기 때문입니다.

세계 유수 대학들도 오래전부터 신입생 선발 시 인성을 중요시했습니다. 영국 옥스퍼드대학은 성적 외에 인성 면접을 중시했고, 프랑스는 대입 자격시험에 전공과 관계없이 철학 과목을 포함해 수험생의 철학·가치관·교양 등을 질문합니다.

이렇듯 전 세계적으로 인성을 중시하는 이유는 인성을 갖춘 사람들이 자신의 능력을 건전하게 사용하는 것은 물론 공동체와 잘 융화되기 때문입니다. 기업이든 대학이든 능력이 다소 미흡한 사람은 배움을 통해 변화시킬 수 있지만, 인성은 그 사람의 내면적인 영역이기에 변화가 어렵기 때문입니다.

앞으로는 인성이 경쟁력인 시대가 될 것입니다. 인류가 인공지능(AI)과 공존해야 하는 시대가 코앞에 다가왔습니다. 공감이나 배려 같은 인간의 인성이 기계화된 인공지능에 비해 차별화 요소가 되는 시대이기 때문입니다.

우리나라는 그동안 경제발전을 위해 직장인은 가정보다 회사를, 학생들은 대학입시를 위해 친구보다 성적을 우선시했습니다. 주변 사람들을 경쟁자로 인식하다 보니 협력과 배려를 제대로 배운 적이 없습니다. 물질적 부와 사회적 성공이 최고의 목표가 되면서 오랜 시간 함께한 소중한 가치들이 사라져 버렸습니다. 인성은 도로 위의 교통법규와도 같습니다. 기본을 지키지 않으면 자신은 물론 타인마저 불행하게 만들 수 있습니다.

"최고의 머리에서 최고의 가슴으로(The best head to the best heart)."

자유주의 경제학자 애덤 스미스는 현대 사회에서 가장 필요한 것이 이타적인 인성이라고 강조한 바 있습니다. 우리는 보통 60세까지 30년이 넘는 시간을 직장인으로 보냅니다. 우리가 하루하루 인격을 수양하는 자세로 겸손하게 살아간다면, 바른 인성과 선한 영향력으로 조직을 바라본다면 어느 순간 타인의 손에 이끌려 리더의 자리로 올라가는 기적을 만나게 될 것입니다.

비울수록 채워지는
리더의 시간

우리 동네는 매주 화요일이 분리수거일입니다. 그날이 되면 많은 사람이 집집이 재활용 쓰레기를 가지고 나옵니다. 엘리베이터 잡기도 힘든 매주 한 번 다소 귀찮은 일이지만 분리수거를 하고 나면 뭔가 내 삶이 정화되는 느낌이 듭니다. 그리고 다시 빈 바구니에 종류별로 새로운 쓰레기를 담습니다. 사람도 이와 마찬가지라고 생각합니다.

'새로운 것을 넣으려면 비워야 하고 또 비워야 채울 수 있습니다.'

성공한 리더들은 한결같이 자기성찰을 동반한 메모의 중요성을 이야기합니다.

그런 의미에서 바쁜 현대 사회에서 생각의 분리수거를 위해서 다이어리를 쓰는 것도 좋다고 생각합니다. 물론 그동안 잘 쓰시는 분도 계시지만 개인적으로도 20여 년 동안 직장생활을 무탈 없이 다닐 수 있었던 것이 다이어리의 도움이 컸다고 생각합니다. 개인적으로 오프라인용 다이어리와 온라인용 에버노트를 함께 사용합니다. 필요에 따라서는 개인에 맞는 다이어리나 온라인 메모 플랫폼을 사용하면 좋을 것 같습니다.

하루의 일과를 다이어리를 열면서 시작하고 자기 전 다이어리를 통해 하루를 정리하고 잠자리에 듭니다. 일상을 글로 정리하다 보면 자기들끼리 화학적 결합을 하면서 더해지기도 하고 빼지기도 하고 때로는 나뉘기도 곱해지기도 합니다.

그 과정에서 우선순위가 실시간 변경되고 때로는 목표들이 또렷해지는 경험을 하게 됩니다. 특히 하루하루 눈코 뜰 새 없이 바쁜 삶 속에서 기록하는 순간만큼은 내가 살아있음을 그리고 나의 일상을 잘 통제하고 있음에 감사합니다.

우리 손에 어느 순간부터 휴대전화가 자리를 잡으면서 24시간 연결되어 전 세계 이슈들이 쏟아집니다. 이런 사회에서는 자신을 만나는 '고독의 시간'이 사치처럼 느껴지기도 합니다. 하지만 때로는 외부와의 단절이 자신의 정신세계를 더 풍부하고 깊게 만들어줍니다.

'리더의 시간'이란 단순히 시간을 떼어 놓는 게 아닙니다. 잠깐의 시간이라도 자신을 돌아보고 업무가 최초 원하는 대로 잘 진행되고 있는지 확인하는 시간입니다. 내용물이 가득 차 있는 컵은 컵으로서의 효용성이 없습니다. 비어 있지 않다면 우선순위가 높은 급한 일도 부서원의 중요한 요구도 알아차릴 수 없기 때문입니다.

새로운 관점과 최적의 의사결정을 위해서는 언제 자신의 컨디션이 최적의 상태가 되는지도 알아야 합니다. 몰입의 효과를 지속해서 유지하려면 역설적이게도 몰입 전의 과정이 중요합니다.

자신만의 외로운 시간을 만나지 않으면 번아웃이 오기도 하고, 자신의 감정을 통제하지 못 해 폭발하기도 합니다. 사실 '인간은 원래부터 고독(孤獨)한 존재'입니다. 리더라면 고독을 극복할 대상이 아니라 친하게 지내는 것도 좋습니다.

조직이 지속해서 성장하기 위해서는 새로운 수익모델을 찾아야 합니다. 조직의 지속 성장을 위한 혁신은 조직의 현주소를 냉철히 파악하는 그것부터 시작됩니다. '지금 여기'에 집중해야 합니다. 이를 위해 리더는 후회만 되는 과거와 불안하기만 한 미래를 걱정하기보다 내면(內面) 깊숙이 침잠(沈潛)하는 시간이 필요합니다.

국내 유명한 수납 및 정리 전문 회사 대표는 다음과 같이 의미심장한 말을 했습니다.

"정리하러 남의 집에 가보면 그 가족의 행복한 정도가 보입니다."

"어떤 부모는 아이에게 집착해 늘 같이 생활하고 다 큰 아이를 데리고 잠을 잡니다. 아이 방을 제대로 만들어주면 그때부터 아이가 독립합니다. 또 집안에 남편의 공간이 거의 없는 집은 십중팔구 부부 사이가 안 좋습니다."

가정 내 각자의 공간도 중요한 역할을 하듯이 일상 속에 내 생각의 공간도, 여유도 필요합니다.

과거 세계적인 TED 강연 무대에서 유명해진 작가 수전 케인이 있습니다. 『침묵(Quiet)』이라는 책을 쓴 그녀는 **"세상은 외향적인 사람(extrovert)을 대우하지만 정작 세상을 바꾸는 것은 내성적인 사람(introvert)"**이라고 주장해 많은 사람의 시선을 받았습니다.

그녀는 "역사적으로 볼 때 "루스벨트·간디 등과 같이 세상을 바꾼 지도자들(the most transformative leaders)은 내성적인 사람이었다"라고 말했습니다. 이들은 자신이 옳다고 생각한 바를 끝까지 관철해 큰 업적을 이루었으며, 외향적이어서 인간관계가 복잡한 사람들과 달리 이것저것 고려하지 않았다고 주장했습니다.

진화론을 주창한 다윈은 저녁 초대를 거절하고 숲 거닐기를 즐겼으며 스티브 잡스와 함께 애플을 만든 워즈니악은 자신이 좀 더 외향적이었다면 컴퓨터 전문가가 되지 못했을 것이라고 고백한 바 있습니다.

이렇듯 케인은 **"고독(solitude)은 창의성의 열쇠"**라고 주장했습니다.

고독은 세상과 단절이 아닌 자아와 긴밀한 교제를 나눌 기회이며, 각박한 세상에서 상처 입은 나를 회복시키는 '치유의 장소'입니다.

주변에 사람이 없는 것이 아니라 스스로 선택한 혼자만의 케렌시아(querencia : 스트레스와 피로를 풀며 안정을 취할 수 있는 공간)에서 '내 삶의 쉼표'를 만드는 습관은 리더에게 매우 중요합니다.

'고독을 즐기는 리더는 두려움을 피하지 않는다.'

일본의 경영 컨설팅 전문가인 쓰다 가즈미는 저서 〈고독을 즐기는 사람이 성공한다〉에서 고독해질 수 있는 능력이 있어야 비로소 독자적인 생각과 가치관을 만들어 낼 수 있다고 했습니다.

고독을 통해 더 인간답게 만드는 시간이 되려면 자신에게 솔직하고 가면을 벗어 던질 용기도 필요합니다.

〈칼리 피오리나, 힘든 선택들〉 작가 피오리나는 리더의 자리가 외로운 이유를 열정과 냉정이 모두 요구되는 자리이기 때문이라고 설명했습니다.

그런 의미에서 리더의 위치에 있는 사람이라면 그 직책을 처음 맡았을 때의 초심을 잘 유지하고 있는지 스스로 기준에 맞추어 살펴보는 것이 중요합니다. 조직 내 스포트라이트를 받는데 익숙한 사람일수록 더욱 그런 시간이 필요할 것입니다.

검색하지 말고
사색하라

리더들은 누구보다 부지런합니다. 출근해서 이메일을 신속히 확인하고 사내 메신저나 단톡방에 현안 관련 실시간 지시하고 때로는 회신합니다.

잠자는 시간 외에는 쌓여 있는 업무를 해치우다 보면 때로는 '내가 누구인지?' 그리고 '내가 지금 어디에 있는지', '정말 중요한 것은 무엇인지?' 현타가 오기도 합니다. 최근 들어 많은 리더가 이런 초연결 사회의 피로감을 호소하고 있습니다.

하지만 더 무서운 것은 따로 있습니다.

과거 미 청문회에서 SNS의 민낯이 밝혀진 적이 있습니다. 페이스북이 지난 3년간 인스타그램 분석 결과 10대 소녀들의 불안과 우울증, 자살 충동 증가에 영향을 미친다는 사실을 파악하고도 침묵했기 때문입니다.

대략 전 세계 페이스북 이용자는 30억 명, 인스타그램 10억 이상의 계정이 활동 중입니다. 국내에서도 1,800만 명이 페이스북을 이용합니다. 이런 천문학적 숫자의 이용자가 자신도 모르게 페이스북과 인스타그램 알고리즘의 노예가 될 수 있습니다.

초등학생도 네이버보다 더 많이 검색한다는 이제 대세가 되어 버린 유튜브도 상황이 비슷합니다. 친절한 알고리즘에 의해 편향성이 심한 콘텐츠가 제공되어 나도 모르게 정보의 편식을 하게 됩니다. 이런 일이 반복되면 자신과 조금이라도 의견이 맞지 않은 사람과는 대화 자체가 어렵게 됩니다.

또한 우리는 출퇴근길에서, 잠자기 전 침대에 기대어 수시로 초연결 사회에 링크합니다.

"이 사람은 명품을 걸치고 있네…. 나는 없는데…"

"여기 비싼 핫플 식당인데…. 난 못 가봤는데…"

세상에는 사람의 몸과 정신을 서서히 병들게 하는 질환이 있습니다. 유튜브, 페이스북, 인스타그램 같은 소셜 미디어가 지나친 비교로 자신도 모르게 영혼을 서서히 갉아먹는 병의 한 종류가 되었습니다.

이미 소셜 미디어 중독은 사고의 확증 편향 등 부작용에 관한 진단이 많이 나오고 있습니다.

그런 의미에서 최근 우리 주변에 스마트폰에서 SNS 애플리케이션을 삭제하며 온라인 관계를 단절하는 '조모(JOMO·Joy Of Missing Out)'이 늘고 있습니다. 디지털 시대에 정보와 유행에 뒤처지는 것을 두려워하는 '포모(FOMO·Fear Of Missing Out)' 증후군과 반대되는 개념입니다.

정보의 홍수와 불필요한 인간관계에 피로감을 느낀 나머지 혼자만의 시간을 우선시하는 '디지털 웰빙' 현상이 빠르게 번지고 있는 것입니다.

로마의 정치가 카토는 "아무것도 하지 않을 때보다 사람이 더 활동적인 순간은 없으며, 고독 속에서만큼이나 혼자가 아닌 순간도 없다"라고 했습니다.

우리는 때때로 모든 시간을 유익한 정보나 생산적인 일로 채우려 과욕을 부립니다. 하지만 자투리 시간을 통해 몸과 마음에 숨구멍을 만들어주어야 합니다.

이것은 창조적인 생각과 상상이 발현되도록 나를 배려하는 마음입니다. 모든 시간을 정보로 채우려 한다면, 내면에 숨어 있는 나의 잠재력은 질식되거나 위축될 수 있기 때문입니다.

이런 의미에서 에릭 슈밋 전 구글 회장은 2012년 보스턴대 졸업식에서 자신의 전문분야인 '온라인'이 아닌 '오프라인'의 중요성을 강조해서 많은 사람의 시선을 잡았습니다.

"컴퓨터와 스마트폰은 대단한 일을 합니다.

하지만 한 가지, 마음(heart)이 없습니다.

적어도 하루에 한 시간은 컴퓨터와 스마트폰을 끄세요.

화면 대신 당신이 사랑하는 사람의 눈을 보고 이야기를 나누세요.

'좋아요' 버튼을 누르지 말고 좋아한다고 말하세요."

어찌 보면 초연결 시대 리더는 물론 현대인들은 '비교'와 '좋아요.'라는 괴물과 보이지 않는 사투를 벌이는 듯합니다. 우리가 다른 사람에게 집중하면 자신만의 길을 잃게 됩니다.

리더라면 과도한 온·오프라인 정보의 홍수 속에서 내가 갈 길을 또렷이 볼 수 있어야 합니다. 때로는 부하 직원들에게 조직관점에서 무엇이 중요한지 설파하고 오늘을 살 수 있게 해주어야 합니다.

다른 사람과 비교하는 대신 타인의 성공에는 기꺼이 손뼉 쳐주고 흔들리지 않는 자신만의 '성공방정식'을 만드는 것이 리더가 가져야 할 또 하나의 중요한 덕목입니다.

자신을 사랑하지 않는 사람은
다른 사람을 사랑할 수 없다

아이와 함께 타고 가던 비행기가 추락한다면 비상용 산소마스크를 누가 먼저 써야 할까요? 보통은 미성년자인 자녀 먼저 챙겨야 한다고 생각할 수 있습니다. 하지만 정답은 '부모가 먼저'입니다. 부모가 먼저 착용한 후 비로소 아이를 챙겨야 합니다. 부모가 먼저 쓰러지면 아이가 더 위험에 빠지기 때문입니다.

미국 심리학자 네드라 글로버 타와브는 "자신이 먼저 산소마스크를 착용한 후에야 남을 도울 수 있는 것처럼, 자신을 먼저 돌본 후에야 다른 이들에게 에너지를 쏠 수 있다."라고 했습니다.

일상에서도 이런 원칙이 깨지면 자신에 대한 부정적인 감정이 지배하게 되고, 종국에는 다른 사람의 관계도 문제가 발생하게 됩니다.

심리학자인 에리히 프롬은 말했습니다.

"진정한 사랑은 자기가 사랑하는 사람의 성장과 행복을 바라는 적극적인 욕구로서 자기 자신을 사랑하고 있는 능력에 뿌리를 박고 있다."

자기를 사랑한다는 것은 자신의 부족한 점을 알고도 세상에 유한한 존재임을 인식하고 나를 인정하는 것입니다.

'공명'(resonance)이라는 말이 있습니다. 이는 한 물체가 같은 진동수의 외부 물체로부터 영향을 받아 진폭이 증가하는 현상을 말합니다. 보통 사람들이 다른 사람에게 동조하는 사회적 현상을 '공명현상'과 빗대어 말하곤 합니다.

이런 맥락으로 리더의 삶이 만들어내는 감동이 진동이 되어 주변 다른 사람들의 삶에, 조직에 거대한 파장을 일으킬 때 '리더십'이라는 '공명현상'이 발생합니다. 자신을 온전한 인격체로 바라보지 않는다면 다른 사람의 마음에도 공명을 일으킬 수 없습니다.

리더라면 또한 일상에서 올라오는 성공에 대한 집착, 열등감 등 부정적인 생각을 경계해야 합니다. 자신과 세상을 사랑하는 마음을 먼저 가져야 합니다. 스스로 성숙한 사람으로 바로 서지 않으면 사람들은 따르지 않을 것입니다.

이것이 자신을 바로 세우는 것이 먼저인 이유입니다. 현명한 리더들은 과시하지 않으며, 지배하지도 않습니다. 자기중심에서 벗어나 조직, 나 자신이 맡은 미션을 실현하기 위해 소명 의식에 집중합니다.

또한 스스로 이끌지 않으면 결국 성장도 멈춘다는 것을 아는 사람이 리더입니다. 성장이 멈춘 모든 생명은 부패하고 존재의 의미를 상실합니다. 리더라면 부단히 심신을 개발하고 ESG 등 사회적 가치를 중시하며, 자신의 약점을 점차 보완해 나갈 때 조직 내 영향력, 즉 리더십은 공고해질 것입니다.

그러므로 리더십을 제대로 발휘하려면 타인을 어떻게 변화시킬지보다 나를 어떻게 변화시킬 것인가를 먼저 고민해야 합니다.

베른하르트는 말했습니다.

"리더가 강한 것은 타인을 지배하기 때문이 아니라 자신을 지배하기 때문이다."

유명 화장품 브랜드 설립자인 바비 브라운도 말했습니다.

"아름다워지는 비결은 간단하다. 네 자신이 되는 것(The secret to beauty is simple-be who you are)"

사람은 나답게 늙어야 좋은 인생입니다. 학창 시절 전공을 결정하기 위해 적성검사를 했다면 이제는 자신의 삶을 명품으로 만들기 위해 나를 더 이해하고 사랑하려고 의식적인 노력을 해야 합니다.

그런 리더라면 더는 다른 사람과 경쟁하지 않고 소문에 휘둘리지 않는 온전한 인간으로 발전할 수 있을 것입니다.

사람들은 회사를 '직장'이라고 부릅니다. '직장'(職場)이라는 말은 원래 일자리 혹은 일하는 장소를 의미합니다. 하지만 직장을 일만 하는 곳이라고 하기에는 복합적 의미를 지닙니다. 직장이란 현재를 살면서 미래 삶을 준비하는 곳이기 때문입니다.

그런 의미에서 사람들이 모여 있는 직장에서 리더로 살아간다는 것은 돈을 버는 것 이상의 의미를 부여해야 합니다. 그렇기 위해서는 무엇보다 흔들리지 않는 자신만의 단단한 내면을 만들어나가야 합니다. 내가 나를 좋아해 주면 그와 동시에 내면의 향기와 매력이 발산하게 될 것입니다.

리더라면 다른 사람들에게 해주듯이 자신에게도 칭찬과 응원을 정기적으로 해주어야 합니다. 나를 행복하게 만들 수 있는 가장 가까운 사람은 바로 '자신'입니다.

그리고
그 무엇도 내 허락 없이는 나를 불행하게 할 수 없기 때문입니다.

이겨야 할 대상은
다른 사람이 아니라 어제의 나다

우리는 업무를 수행하는 과정에서 대외적으로 경쟁사의 제품과 서비스를 연구하고 차별화 전략을 많이 고민하게 됩니다. 내부적으로도 사내 승진이나 고과 등 여러 현안이 있을 때마다 개인적인 경쟁자가 있기 마련입니다. 그 과정 중에 비교가 일상이 되고 때로는 극한 스트레스를 받기도 합니다.

이런 이야기가 있습니다.

일등은 남을 이겨서 쟁취하는 것이나, 일류는 아닐 수 있음.
일류는 나를 이기는 것이며, 일등이 아니어도 상관없음.

우리는 학창 시절, 사회생활 모두 어찌 보면 1등이 되고 싶고, 또는 1등을 부러워하는 삶을 살아왔습니다. 하지만 리더라면 맹목적인 1등을 넘어서 내 삶과 내 조직을 일류로 만들기 위한 고민이 필요합니다. 이를 위해서는 무엇보다 조직을 경영하기에 앞서 자기 경영이 선행되어야 합니다.

경영학의 대가 피터 드러커는 자신의 저서 〈자기 경영 바이블〉에 일류가 되려면 우선 자기 강점을 알아야 한다고 했습니다. 그리고 난 후 일하는 방식이나 학습 방법, 가치관을 익혀야 한다고 주장했습니다.

자기 경영이 끝난 후에 비로소 조직이나 사회에 어떤 제품이나 서비스가 필요한지 보이기 시작하기 때문입니다. 리더가 먼저 '나'라는 장단점을 이해하고 보완한 후 비로소 조직원들의 변화가 필요한 요인을 찾아낼 수 있습니다.

하지만 우리 리더들은 바쁜 일상과 네트워크의 스트레스로 인해 '나'도 제대로 이해하지 못한 채 다른 사람이나 먼 곳으로 시선을 두는 우를 범합니다. 피터 드러커는 자신을 경영하지 못하는 사람은 조직경영에도 실패하게 된다고 일갈했습니다.

물론 때로는 다른 사람의 장점을 인정하고 우수기관을 벤치마킹하는 것도 필요합니다. 그리고 현실에 안주하지 않고 경쟁사나 특정 개인을 부러워하는 것도 필요합니다.

남을 부러워하는 것은 일반적인 질투와는 다릅니다. 단순한 '질투'는 '다른 사람의 잘된 점을 평가절하 하는 일이지만 부러워하는 것은 받아들일 마음이 되어 있는 긍정적인 감정 상태이기 때문입니다. 리더라면 타인의 성공에는 진심으로 축하해 주고, 불행은 함께 슬퍼하고 나눌 수 있는 큰 그릇을 가져야 합니다.

그렇다면 자기 경영을 하기 위해 구체적인 방법은 무엇이 있을까요? 우리가 많이 들어 익숙한 방법이 있습니다.

꿈을 날짜와 함께 적어 놓으면 그것은 목표가 되고,
목표를 잘게 나누면 그것은 계획이 되며,
그 계획을 실행에 옮기면 꿈은 실현이 된다.

이 단순한 진리를 반복하면 우리는 변할 수 있지만 왜 우리는 힘들어할까요? 과학자들의 연구에 의하면, 약 77%의 사람들이 매년 작심을 하지만 일주일 정도만 그 마음이 유지되고 그 후는 대부분 포기한다고 합니다. 그중 약 19%의 사람만 초심을 잃지 않고 약 2년 정도를 유지한다고 합니다.

또한 인간의 뇌는 무게가 전체 몸무게의 경우 2%밖에 되지 않지만, 우리가 먹는 음식 에너지의 25%를 소비한다고 합니다. 이 말은 우리가 뭔가를 창조하고 고민한다는 것이 아주 많은 에너지를 요구한다는 뜻입니다.

그래서 사람들은 부지불식간에 뇌 에너지를 적게 쓰려고 변하지 않으려는 경향을 보인다고 합니다. 이렇기에 우리는 무언가를 만들어내고 위기를 극복하기 위해서는 자신의 마인드부터 바꾸는 것이 변화의 시작이 될 것입니다.

   이런 의미에서 자신이 추구하는 목표에 생명력을 불어넣는 무언가가 있다면 더 효과적일 것입니다. 일본의 기시미 이치로의 저서 〈아무것도 하지 않으면 아무 일도 일어나지 않는다〉에서는 매사에 '의미부여'가 중요하다고 설파합니다. 인간은 같은 세계에 사는 것이 아니라 자신이 '의미부여'한 세계에 살고 있으므로 관점 전환을 무엇보다 강조합니다.
   내가 왜 변해야 하는지, 왜 이 목표를 달성해야 하는지, 내 인생에 어떤 변곡점이 될지 나름의 의미를 부여한다면 그 과정이 고달프지만은 않을 것입니다.
   초심을 잃지 않고 변화를 거부하지 않는 수용성을 갖추고 이겨야 할 대상은 다른 사람이 아니라 어제의 나라는 마인드로 무장한다면 더할 나위 없이 좋을 것입니다. 이왕이면 리더라는 계급장을 떼고 신입 사원 때의 설레는 마음으로 진정성을 가지고 업무를 수행한다면 매일 매일 출근길이 더 즐겁고 한층 가벼울 것입니다.

첫 마음
- 정채봉 -

1월 1일 아침에 찬물로 세수하면서 먹은
첫 마음으로 1년을 산다면,

학교에 입학하여 새 책을 앞에 놓고
하루 일과표를 짜던 영롱한 첫 마음으로 공부한다면,

사랑하는 사이가
처음 눈을 맞던 날의 떨림으로 계속된다면,

처음 출근하는 날
신발 끈을 매면서 먹은 마음으로 직장 일을 한다면,

아팠다가 병이 나은 날의
상쾌한 공기 속의 감사한 마음으로 몸을 돌본다면,

개업 날의 첫 마음으로 손님을 언제고
돈이 적으나, 밤이 늦으나 기쁨으로 맞는다면,

세례성사를 받던 날의 빈 마음으로
눈물을 글썽이며 교회에 다닌다면,

나는 너, 너는 나라며 화해하던
그날의 일치가 가시지 않는다면,

여행을 떠나던 날

차표를 끊던 가슴 뜀이 식지 않는다면,
이 사람은 그때가 언제이든지
늘 새 마음이기 때문에

바다로 향하는 냇물처럼
날마다 새로우며 깊어지며 넓어진다.

가정이 화목하다면
이미 성공한 인생이다

가정, 처음이자 마지막 배움터

• • •

지난 직장을 돌아보면 가정생활이 화목한 사람이 대체로 사회생활도 잘하는 경향을 보이는 것 같습니다. 제한된 시간과 열정을 가진 사람으로 최소한의 비용으로 최대의 효과를 내려면 화목한 가정이 수반되어야 직장에서도 온전한 에너지를 표출할 수 있기 때문일 것입니다.

최근 들어 '워라밸'(Work & Life Balance)이 강조되면서 가정과 일이 조화를 이루는 것이 직장인들의 지상과제가 되었습니다. 하나의 축인 가정을 들여다보면 가화만사성(家和萬事成)을 이루고 싶지만 절대 쉽지 않은 미완의 과제일 것입니다. 그런 의미에서 수신제가치국평천하(修身齊家治國平天下) 중에서 가장 어려운 것이 '제가'(齊家) 가 아닐까 생각됩니다.

보통 우리는 오월을 '가정의 달'이라 하고 각종 기념일이 많지만, 실상은 매일 매일 가족과 마주치는 365일 모두 '가정의 날'이나 마찬가지입니다. 가장 가까운 사람에게 입은 마음의 상처가 크듯이 배우자와의 나이 차이나 자녀의 연령에 상관없이 상호 존중하고 배려하는 마음이 중요합니다. 이를 간과하고 종종 하지 말아야 할 말을 한다면 가족 간에 오히려 큰 화를 부를 수 있기 때문입니다.

부모 수업이 끝나야 아이 수업이 시작된다.

'인류의 교사'로 불리는 페스탈로치는 '가정은 도덕교육의 터전이다.'라고 했습니다. 올바른 인성(人性)과 반듯한 삶의 자세는 교사의 입이 아니라 부모의 품에서부터 시작된다고 강조했습니다.

부모 수업이 끝나야 아이 수업이 시작됩니다. 부부간 서로 신뢰를 바탕으로 보금자리를 완성한 후 그 비옥한 토양인 '안전존'(Comfort zone)에서 아이의 꿈이 무럭무럭 자라날 것입니다.

한편 자녀를 키우는 것과 반려동물을 키우는 것의 차이는 그 사랑의 대상을 독립시킬 것이냐 여부라는 말이 있습니다.

그런 의미에서 유대인들은 만 12세가 되면 아이를 성인식을 통해 아이를 정신적으로 독립시킨다고 합니다. 우리나라로 치면 결혼식처럼 성대한 가족 축제를 열어 '사람의 자녀'에서 '신의 자녀'로 선포합니다. 성인식 이후부터는 일절 자녀에게 부모들이 잔소리하지 않습니다. 자기 주도적으로 살 수 있게 장려하고 아이들의 생각을 성인처럼 존중합니다.

이제부터 아이들은 부모의 자녀가 아닌 신의 온전한 자녀이기 때문입니다. 그래서 유대인들은 아이를 신이 잠시 맡긴 '선물'이라고 생각합니다. 그 아이가 성인이 되기 전까지 부부가 합심해 인성과 지성을 가진 자녀로 자랄 수 있도록 정성을 다합니다.

성인식을 하는 나이가 우리나라로 치면 중2와 비슷하다고 볼 수 있습니다. 청소년기에 부모와의 갈등이 첨예하게 달리는 우리나라와 비교하면 유대인의 선택이 현명하다고 생각되곤 합니다.

그런 의미에서 리더인 우리는 직장 내 후배 직원 못지않게 아이를 사회가 제시하는 모범답안으로 몰고 가면 안 됩니다. 아이가 타고난 '꿈과 끼'를 찾기 위해 조바심을 내지 말고 때로는 믿고 기다려 줘야 합니다. 부모의 긍정적 응원과 지지를 통해 자녀는 자신의 적성을 찾아 건강한 성인으로 성장할 수 있을 것입니다.

자녀의 성공적인 인생을 위해 무엇보다 부부가 평소 자녀 문제는 물론 재무 상황 등 대화를 통해 마음을 터놓는 것이 중요합니다. 자녀 양육을 위해 공동 TF 팀원이라는 생각을 가지고 한사람에게 일방적인 희생을 강요해서도 안 됩니다. 특히 나이를 먹으면 먹을 수록 때로는 가정 나 자신만의 피난처 케렌시아(Querencia)가 필요합니다.

한편 일본의 노후 문제 전문가는 행복한 부부 생활을 위해 '1인 1방'을 추천했습니다. 30년이라는 오랜 시간 동안 혼자 살았기에 각자의 생활 방식이나 수면 습관이 다르기 때문입니다.

우리나라도 통계조사 결과 부부 10쌍 중 6쌍이 숙면을 위해 각자의 침대 혹은 각방을 사용하는 것으로 나왔습니다. 수면 부족은 개인의 건강은 물론, 부부 관계도 금이 갈 것입니다.

그런 의미에서 '부부 일심동체'라고 하지만 성인이 되기 전 전혀 다른 가정과 환경에서 자라온 두 사람이 서로 다르다는 것을 인정할 때 비로소 행복한 가정을 이룰 수 있습니다. 공간의 분리를 통해 조용한 시간을 절대적으로 많이 만들어 자신을 찾는 시간이 필요할 것입니다.

집 밖에서의 상황은 엄청난 긴장감과 스트레스의 연속이었기에 집에 와서는 '따로 똑같이'처럼 같은 공간에 머물러 있지만, 자신들만의 또 다른 세상으로 잠시 떠난 후 서로의 에너지를 충전하고 심신이 충만한 상태로 다시 만나는 것도 필요할 것입니다.

서울대학교 행복연구센터에서 행복한 사람들과 행복하지 않은 사람들을 연구하는 과정에서 스트레스를 받은 이후에 사람들의 경험 내용을 연구했습니다.

가장 큰 차이점은 행복한 사람들은 '좋은 사람과 보내는 시간'을 중요시 했지만, 행복하지 않은 사람들은 '금전적 이득'을 위해 시간을 보냈다는

것입니다.

한마디로 행복한 사람들은 가족이나 지인들의 관계에서 위로를 받았고, 행복감이 낮은 사람들은 돈에서 위로를 받았습니다. 금전적 이득을 통해 스트레스를 줄이고자 하는 것은 마치 술로 상처입은 속을 다시 독한 술로 달래는 것과 같습니다.

사람들의 일상을 좀 더 분석해보니 물질주의자들은 TV 보는 시간과 쇼핑하는 시간이 많았으며, 반대로 독서와 봉사하는 시간은 적었습니다.

결국 행복한 사람들은 사는(live) 것에 집중했다면, 반대의 사람들은 사는(buy) 것에 집중했습니다.

이런 의미에서 가족과의 절대적인 시간을 통해 가정 내 만족감이 올라가면 자존감이 높아지고 직장에서 몰입도를 높여 업무성과도 함께 올라갈 것입니다.

직장 내 리더로서 입지가 단단해지고 업무 장악력이 높아질수록 퇴근 시간도 빨라져 가족과 보내는 시간도 절대적으로 올라가는 '선순환 구조'를 완성할 수 있을 것입니다.

세월이 흘러 어느 날, 우리의 아이들은 철이 들었다는 이유로 '아빠'를 '아버지'로 '엄마'를 '어머니'로 부르는 날이 올 것입니다. 호칭에 따라 자녀와의 거리는 글자 하나만큼 멀어질 것입니다.

하지만 '아빠'를 '아버지'라 부르고 '엄마'를 '어머니'라고 부르면 그 아이는 철이 든 것일지는 다시 한번 생각해 보아야 할 것입니다.

'아버지'를 다시 '아빠'라 부르고 '어머니'를 다시 '엄마'라고 부르고 싶은 순간, 인간은 비로소 철이 든다는 말이 있습니다.

그런 의미에서 오늘부터 '아빠'와 '엄마'라고 부르는 아이들의 흐르는 시간을 부여잡고 **아이에게 물질적인 부(富)를 물려주기보다, 세금 없는 추억을 더 많이 증여하는 건 어떨까요?**

齊家

직원들을
내 가족처럼
섬기다

그 사람의 '심장'에
말을 걸어라

나는 명함보다는 심장을 건네는 사람이기를 꿈꾼다.

많은 사람을 만나는 것도 중요하지만,

그보다는 한 사람 한 사람에게 최선을 다하는 것이 더 중요하다.

나는 그에게 건넨 명함이 마음이 담기지 않은 것이라면

결국 다른 수많은 명함들 속에 묻혀버릴 종잇조각과 다르게 없을 것이다.

– 김민우의 〈나는 희망을 세일즈 한다〉 중에서 –

한때 '사랑일 뿐이야', '입영열차 안에서' 등을 히트시킨 가수 김민우 씨가 쓴 책에서 나오는 구절입니다.

저는 직장인이 가져야 할 팁 중 한 가지를 뽑으라면 단연코 '그 사람의 심장에 말을 걸어라.'라는 말을 추천합니다.

직장생활을 하다 보면 매출 압박에 시달리기도 하고, 사내 정치에 휩쓸리기도 했지만, 그동안 남은 것을 결국 '사람'이었습니다.

특히 그 사람이 가진 지위나 정보로 상대를 이용하지 않고 자신의 심장에서 나와서 상대방의 심장에 전달되는 '진심의 언어'를 사용한다면 사람들은 그를 리더로 따르게 될 것입니다.

이와 마찬가지로 명함 하나를 전달하더라도 자신의 영혼을 듬뿍 담아 전달하는 사람은 장기적으로 성과가 남다를 것입니다.

무엇보다 조직 생활에서 다른 사람이 나를 이용하려는지, 신뢰하는지 약간의 시간이 필요할 뿐 상대가 알게 됩니다. 자신은 완전 범죄를 꿈꾸지만 웬만한 규모와 시스템을 가진 조직이라면 완전 범죄란 쉽지 않습니다.

타인을 인정하지 않고 자신의 고집대로 한 방향으로만 소통한다면 직원들과 갈등만 초래할 것입니다. 하지만 직원을 믿고 그들의 끼를 마음껏 발현하도록 제도와 시스템, 조직문화를 만들어준다면 직원들은 더 높은 성과로 보답할 것입니다.

자라 창업 회장인 아만시오 오르테가는 「자라 성공스토리」에서 이렇게 말했습니다.

저는 항상 관리자들에게 이렇게 말합니다.
직원들을 사랑해야 합니다. 그것은 의무입니다.
그들 가까이에서 지내며 그들을 보호하고
그들이 누군지 파악하며 그들의 일뿐 아니라
집, 하는 일도 챙겨야 합니다.
그리고 그들에게 모든 것을 제공해 주세요.
그들을 사랑하지 않으면 아무 것도 얻을 수 없습니다.

- 아만시오 오르테가 -

일도 사랑도 빠르게 진화하는 '인스턴트'가 넘치는 세상이지만 상대방과 느리지만 강한 신뢰감을 형성한다면 그 조직의 성공은 그리 오래 걸리지 않을 것입니다.

우리는 오랫동안 관계를 맺은 사람을 '희로애락(喜怒哀樂)을 함께 한 사람'이라고 합니다. 조직 내에서 직급을 떠나 우리는 파트너입니다. 매출과 순익, 고객 만족을 위해 같은 배를 탄 사람들입니다.

다시 말해 일을 추진하는 과정에서 기쁨과 슬픔을 함께하는 사람입니다. 리더라면 때로는 결혼식 같은 좋은 자리도 참석해야 하지만 장례식과 같이 슬픈 순간을 함께 하는 것이 더 중요합니다.

'전쟁광'이라는 별명을 가지고 '2차 대전 명장'의 호칭을 받은 조지 패튼은 갖은 기행과 고압적인 언행을 일삼은 것으로 유명하니다. 하지만 그가 완벽한 승리를 만들어내고 자신의 병사들에게 충성을 끌어낸 것은 누구도 부인할 수 없는 역사적 사실입니다.

그 막강한 힘은 어디에서 왔을까요? 답은 자신을 낮춰 일반 병사들과 함께 슬퍼했다는 것입니다. 그는 전쟁에서 싸우다 부상한 병사를 일일이 방문해 욕설까지 곁들이며 진심으로 속상해하고 미안해했습니다.

병사들에게도 "나중에 손자한테 할아버지는 패튼이라는 개자식과 함께 싸웠단다"라고 말하라며 자신을 한없이 낮췄습니다.

그 결과 병사들은 2차 대전을 통틀어 유례가 없는 강한 전투력을 발휘했습니다. 자신을 낮추는 것은 물론 슬픔을 진심으로 대하는 리더가 어떤 힘을 발휘하는지 알 수 있는 대표적인 사례입니다.

결국 리더라면 조직의 비전과 미션을 달성하기 위해 가는 길은 다소 고되더라도 '이 사람도 결국 나와 같은 사람이구나'하는 동질감을 느낄 수 있도록 해야 합니다.

리더가 직원들의 신뢰를 얻는 대표적인 방법은 크게 세 가지가 있다고 합니다.

첫째, 투명해야 합니다. 리더의 '진짜 생각'을 직원들과 있는 그대로 나눠야 직원들은 함께 할 것입니다.

둘째, 스스로 잘못을 인정하는 것입니다. 자신의 잘못을 공식적으로 인정한다면 직원들은 인간적인 감정을 느끼게 됩니다. 직원들 역시도 자신의 잘못을 인정하고 회복탄력성을 발휘해서 새롭게 도전하게 될 것입니다.

셋째, 자신이 한 말은 반드시 실행해야 합니다. 자신의 입에서 나온 언행을 지킨다면 리더를 더 강하게 신뢰할 것입니다.

나아가 리더는 업무만 지시하고 끝나는 것이 아닌 그 일이 왜 중요한지, 그 업무가 조직과 시스템, 그리고 장기적으로 어떤 파급효과를 발휘하는지, 개인의 성장에 어떤 도움이 되는지를 알려주어야 합니다.

이를 위해 리더는 직원들이 달성한 업무에 대해 편하게 이야기 나누는 시간을 정기적으로 가져야 합니다. 이런 과정을 통해서 서로의 공통 관심사와 부서 목표를 함께 조율할 수 있기 때문입니다.

이런 과정을 통해 계산하지 않고 심장에서 나온 말을 있는 그대로 전달한다면 리더로서, 진중한 어른으로서 자연스럽게 존경받을 것입니다.

모든 직원이 리더가 되는 비밀 '임파워먼트'

다른 사람이 당신을 위해 해줄 수 있는 일을 절대로 하지 말라.
다른 사람이 당신을 위해 해줄 수 있는 일이 늘어날수록
당신 외에는 그 누구도 할 수 없는 일에
당신이 쏟아부을 수 있는 시간과 에너지도 늘어난다.

– E.W.스크립스 –

리더에게 '권한 위임'을 뜻하는 '임파워먼트'가 중요하다고 하는데 실제로 어려움을 호소할 때가 많습니다. 왜 리더는 직원들에게 적극적으로 업무를 위임해야 할까요?

그것은 바로 임파워먼트가 리더의 가장 중요한 일이기 때문입니다. 리더는 자신이 일을 직접 해내며 성과를 내는 사람이 아닙니다. 직원들이 성과를 날 수 있는 구조를 만드는 사람입니다. 본인이 직접 업무를 처리해서 성과가 난다면 실무자로서는 긍정적 평가를 받겠지만 무능한 리더입니다. 대신 직원들을 육성하고 동기부여를 통해 중장기적으로 조직 전체의 성과를 관리해야 합니다.

빌 게이츠는 **"다음 세기에는 다른 이들에게 권한을 위임하는 사람들이 리더가 될 것이다"**라며 권한 위임의 중요성을 역설했습니다.

테디 루스벨트 전 미국 대통령 역시 **"가장 훌륭한 지도자는 가장 유능한 사람들을 뽑아 주위에 두고 그들에게 자기가 이루고자 하는 것을 말해주고 그들이 그 일을 하게끔 자리를 비켜주는 사람이다"**라고 말했습니다.

직원들을 믿고 맡기면 리더는 그만큼 시간적, 정신적 여유가 생깁니다. 그 시간에 리더로서 부가가치가 높은 중요한 일에 집중하면 됩니다.

단순한 '권한 위임'이 아니라 '임파워먼트'의 영어 단어 "empowerment"는 파워를 키워준다는 뜻입니다. 조직 전체의 파워가 커진다는 점에서 전체의 파워는 그대로인 일반적인 권한 위임 "delegation"과 차이가 큽니다.

사람들은 누구나 자율권과 통제권을 가질 때 더 열심히 합니다. 이럴때 주인의식으로 책임감도 커지고 새로울 일도 적극적으로 만들게 됩니다. 직원 개개인의 성과 합이 모여 조직 전체의 파워가 커지고 조직은 더 큰 성과를 내는 선순환 구조를 가질 수 있습니다.

대신 리더는 인적·물적 자원을 실시간 지원해야 합니다. 장애물이 생기면 직접 나서서 없애주고 다른 부서와 이해충돌이나 갈등이 생기면 해결해 주어야 합니다. 필요하면 없던 예산도 만들어야 합니다.

임파워먼트는 업무 방임이 아닙니다. 상황에 맞게 유기적으로 대응해야 합니다. 리더는 큰 그림을 보는 동시에 현장 상황도 세세하게 알고 있어야 합니다. '악마는 디테일에 강하다'는 말을 잊지 말아야 합니다.

권한 위임에도 파레토 법칙이 있다.

업무 성격에 따라 리더가 관여해야 하는 일과 부서원에게 맡기는 일로 구분해야 합니다. 80대 20 파레토 법칙처럼 조직 성과의 80%는 전체 일 중 20%에서 만들어지는 경향을 보입니다.

리더는 일의 우선순위에 따라 수시로 과업을 수정해야 합니다. 부서 업무 중 20%에 해당하는 중요한 일은 자신의 관여도를 높이고, 80%의 일은 실무자가 주도적으로 하게 합니다. 물론 80%에 해당하는 일도 주기적으로 점검하여 잘못될 가능성을 줄이고 상황에 따라 신속히 개입해야 합니다.

여기서 가장 중요한 점은 직원들에게 모든 일을 맡기더라도 그 일의 결과에 대한 최종 책임은 리더에게 있다는 것입니다. '리더 책임 불변의 법칙'입니다.

　일은 실무자에게 맡기되 결과에 대한 '무한책임'은 리더에게 있습니다. 성과의 열매는 실무자에게 돌리고, 나쁜 결과에 대한 책임은 본인이 진다는 각오로 매사에 임해야 합니다. 실제로 리스크가 발생했을 때 책임지는 모습을 보여야 합니다. 구성원들은 그런 리더를 신뢰하고 따르게 될 것입니다.

　위임하지 않는 리더는 주어진 일을 반복하는 관리자형 작업반장에 불과합니다. 유능한 직원을 육성하면 리더도 그 과정에서 함께 성장할 수 있습니다.

　때로는 리더도 본의 아니게 악역을 맡아야 할 때도 있습니다. 직원의 언행에 잘못된 점이 있다면 그 즉시 피드백해주어야 합니다. 제일 안 좋은 리더 유형은 좋은 말만 하는 사람입니다. 잘해주는 상사보다 자신을 성장하게 하는 상사가 종국에는 감사하다는 소리를 듣게 될 것입니다.

　최고의 리더십은
　귀하게 일을 주고
　귀하게 관리하다가
　귀하게 거두어내는 것입니다.

리더로서 높은 성과를 창출했다면 그것은 '업무 기술서'에 기록된 KPI(핵심성과지표, Key Performance Indicator)를 뛰어넘어 일한 직원들 덕분입니다. 이는 리더가 자율성을 부여했기에 가능한 결과입니다.

이런 권한 위임의 놀라운 힘에도 불구하고 망설이게 된다면 직원에 대한 불신 때문입니다. 권한을 받은 직원이 그 일을 잘할 수 있을지 걱정이 되기 때문입니다.

그런 불신을 갖는 리더에게 더글러스 맥그리거가 주장한 'Y이론' 인간관을 이해할 필요가 있습니다.

'Y이론'은 전통적인 인간관인 'X이론'과 달리 인간은 스스로 몰입된 목표의 수행에 있어서 자율과 자기 통제를 할 줄 아는 존재로 인정합니다. 인간은 자신의 성장을 위해 상황과 여건만 조성되면 창의적으로 업무를 수행할 능력과 의욕을 가진 존재라고 여깁니다.

리더라면 부서원을 전적으로 신뢰해야 합니다. 권한 위임은 신뢰의 토대 위에서 제대로 일어설 수 있기 때문입니다.

장막 안에서 계책을 세워 천 리밖에서 승리를 거두게 하는 데 있어 나는 장량만 못하다.

국가의 안녕을 도모하고 백성을 사랑하며 군대의 양식을 대주는 데 있어 나는 소하만 못하다.

백만 대군을 이끌고 나아가 싸우면 이기고 공격하면 반드시 빼앗는 데 있어 나는 한신만 못하다.

하지만 나는 이들을 얻어 그들의 능력을 충분히 발휘하게 해주었다.
바로 이것이 내가 천하를 얻은 까닭이다.

- 유방 〈초한지〉 중에서 -

삼국지의 유비도 조조와 비교해 타고난 역량은 부족했으나 우수한 장수와 제갈량 등 참모를 적극 활용함으로써 중원의 삼 분의 일을 호령할 수 있었습니다.

리더는 본인이 다 업무를 챙기는 것이 아닌 직원들에게 몰입할 수 있는 환경을 만들어주면 됩니다. 누구나 의지만 있다면 근무일을 모두 '어린이날'로 만들 수 있습니다.

이런 과정을 통해 어느 순간 지금 내가 하는 일들을 일반 직원들이 할 수 있을 때 나는 현재의 직급에서 할 일이 없어집니다. 내 일이 없어진다고 느끼는 순간, 내가 승진을 하게 되는 기쁨을 맛볼 수 있을 것입니다.

진실로 섬기다
'서번트 리더십'

많은 사람이 성공의 척도를 얼마나 돈을 벌었느냐에 둡니다.

그러나 나는 얼마나 많은 사람을 백만장자로 만들었느냐를 성공의 척도로 둡니다.

내가 여기 있는 이유는 여러분의 업무를 돕기 위해서입니다.

나는 여러분이 성공하게끔 싸우고 방어하며 모든 간섭을 배제할 것입니다.

왜냐하면 여러분이 성공해야 내가 성공하기 때문입니다.

– 맥도날드 창업 회장 레이 크록 –

리더가 되고 자신의 자리가 올라가면 사무실 조망이 달라지듯 계속 올라갈수록 권력의 달콤함도 함께 올라갑니다. 권력을 지나치게 즐기고 자칫 잘못 사용하면 내 인생의 적색경보가 들어오고 사회생활에 치명적인 외상을 입을 수 있습니다.

과거 산업시대에는 '나를 따르라'라는 식의 복종 리더십을 통해 큰 성과를 보았습니다. 하지만 4차 산업혁명 시대는 변덕스러운 고객의 니즈에 맞춰 실행하는 부서에 자율성이 주어지는 기민한 세상이 되었습니다. 리더십 양상도 이에 맞춰 서번트 리더십으로 변하고 있습니다.

서번트 리더십(Servant Leadership)의 사전적 의미는 **타인을 위한 봉사에 초점을 두고 자신보다 구성원들의 이익을 우선시하는 리더십**입니다. 바꾸어 말하면, 봉사자(servant)로서 직원, 고객과 공동체를 우선으로 여기며 그들의 필요를 만족시키고자 헌신하는 리더십입니다. 자신보다 다른 사람을 우선으로 섬긴다는 것을 전제로 하므로 다른 사람을 이끌려는 열망에 초점을 두는 기존의 전통적인 리더십과 대척점에 있습니다.

즉 기존의 리더십에서 리더의 목적이 섬김을 받는 것이라고 한다면, 서번트 리더십을 발휘하는 리더의 목적은 다른 사람들을 섬기는 것입니다. 조직에서의 서번트 리더는 지시나 명령 등의 기존 통제 방식이 아닌 섬기는 자세를 취하면서 직원들의 성장과 발전을 도와 직원들 스스로 조직의 목표 달성에 이바지할 수 있게 만듭니다.

그동안의 리더는 가부장적 문화로 인해 누리고 군림하는 자리였습니다. 최근 들어 상사의 갑질이 빈번한 것은 아직도 변해야 할 리더들이 많다는 의미일 것입니다.

오늘날의 리더상으로 미래에 대한 꿈을 제시하고, 공감대를 끌어내며 솔선수범을 통해 직원들의 성장과 발전을 지원하는 소프트한 역량이 중요해지고 있습니다.

리더는 직원과 고객을 섬기는 사람입니다. 고객서비스로 유명한 미국의 노드스트롬 백화점 직원에게 노드스트롬에서 일하면서 가장 다르다고 생각되는 점이 무엇인지 묻자 다음과 같은 대답을 했다고 합니다.

"상사요, 내 상사는 하루에 서너 번씩 나에게 와서는 도와줄 일이 없느냐고 묻는데, 그는 마치 나를 위해 일하는 사람 같아요"라고 답했다고 합니다. 이처럼 서번트 리더는 수시로 직원들과 마주하며 그들이 겪는 어려움이 무엇인지 도울 일이 있는지 살피는 사람입니다.

켈의 법칙(kel's law)이라는 것이 있습니다. 상사와 팀원의 지위 차이가 클수록 그 둘 사이의 심리적 거리는 지위 차이의 두제곱으로 벌어진다는 뜻입니다. 직급 차이가 3단계라면 심리적 거리는 2의 3제곱, 즉 8배의 거리감이 생긴다는 것입니다.

만약 리더가 먼저 섬기는 자세로 경청하고 존중한다면 직원들은 거리감을 느끼지 않고 조직 내 좋은 점과 개선할 점 등을 자유롭게 말할 것입니다. 이런 문화가 반복되면 조직은 건강해지고 리스크를 사전에 방지할 수 있을 것입니다.

한 외국계 회사에서 CEO까지 올라갔던 직원의 사례입니다. 과거 자신의 회사에서 한 해에 한 번씩 평가시간을 가졌습니다. 부장으로 근무할 당시 상사였던 임원이 자신에 대한 평가를 끝내자 이번에는 자신은 어떤 사람인지 평가해 달라고 요청했다고 합니다. 그 직원은 놀라서 상사를 평가할 수 없을 거 같다고 하자 그 임원이 이렇게 말했습니다.

우리는 똑같은 인간입니다.
직책이란 것은 연극의 가면 같은 것입니다.
난 임원의 가면을 쓰고
당신은 부장의 가면을 쓰고 역할극을 하는 것입니다.

연극이 끝나면 우리는 하나의 동등한 인격체이니 제발 자신의 평가를 해달라고 했습니다. 그 직원은 그제야 어쩔 수 없어 "당신은 말이 너무 많고 길다. 일단 당신과 앉으면 내 이야기를 할 수 없다."라고 말했습니다.

그러자 그 임원은 고맙다며 "나는 이미 상사로부터 그 부분에 대한 피드백을 받았다. 그런데 부하 직원인 당신으로부터 이런 피드백을 받으니 느낌이 완전히 다르다. 잘 알겠다 고치도록 노력하겠다."라고 말했다고 합니다.

기업 경영에 있어서 존중과 소통을 강조하는 서번트 리더십은 큰 의미가 있습니다. 구글과 애플 등 실리콘밸리의 최고경영자들은 회사의 성장을 끌어내기 위해 서번트 리더십을 장려합니다. 뛰어난 능력을 갖춘 인재들이 자신의 능력을 최대한 발휘할 수 있도록 경청하는 것이 경영의 중요한 요소이기 때문입니다.

세계적인 경영 컨설턴트인 짐 콜린스는 〈좋은 기업을 넘어 위대한 기업으로〉에서 투철한 직업의식과 겸손한 인성을 갖춘 경영자가 기업의 수익 증대는 물론 지속 가능한 성장의 필수조건이라는 점을 입증하기도 했습니다.

진정성 있는 리더들은 그들이 지향하는 목표를 명확하게 인지하고 결코 잊어버리는 법이 없습니다. 직원들 또한 자신의 개성을 최대한 유지하면서 조직문화의 특징을 받아들일 준비가 되어 있습니다.

리더로서 존중받기 위해서는 말하는 것과 행동이 어긋나지 않아야 합니다. 이를 어기고 과장되거나 약속을 지키지 못하는 행동이 반복된다면 직원들은 리더의 진정성에 의심을 할 것입니다.

세 사람이 길을 가면 반드시 나의 스승이 있다.
어떤 사람이든 장점이 있고 타인보다 뛰어난 점이 있다.
따라서 그것만 배우면 된다.
상대를 경시하는 순간 상대를 통해 배우고 성장할 기회를 스스로 놓친다.

이 일로 가장 손해를 보는 것은 자기 자신이다.

— 빌 하비트, KPMG 이사 —

리더라면 직급에 상관없이 누구에게나 배울 수 있다는 수용성과 겸손한 마음이 중요합니다. 조직생활을 하다 마주친 좋은 리더와 나쁜 리더에게 우리는 취사선택을 하며 자신만의 리더상을 만들어 나가면 됩니다.

때때로 우리는 예전에는 부하 직원이었지만 지금은 한 조직의 관리자가 된 사람을 여전히 부하의 모습으로 대하는 우를 범하곤 합니다. 이제는 MZ세대가 중간리더로 자리를 잡는 세상이 되었습니다. '내가 하면 로맨스고 남이 하면 스캔들'이라는 삼류 소설식 사고를 하루빨리 버리고 세상의 변화를 있는 그대로 받아들여야 합니다.

그동안 우리 사회는 직원들을 '일하는 인간'으로 생각하고 직급으로 누르던 시절을 지나왔습니다. 직원들을 마치 기계의 톱니바퀴인 듯이 소모품처럼 대하던 일도 비일비재했습니다.

그런 의미에서 이제는 직원 개개인을 '일하는 기계'가 아닌 '온전한 개인'(human beings)으로 봤을 때 더 좋은 성과가 나온다는 것을 명확히 직시해야 합니다. 혁신을 이루기 위해 직원들에게 업무에 대한 권한을 이양하고 있는 그대로 바라봐야 합니다. 때로는 직위 고하를 막론하고 서로 존중하는 존댓말을 솔선수범해서 사용하는 것도 좋은 방법일 것입니다.

'구슬이 서 말이라도 꿰어야 보배' 라는 말이 있습니다.

4차 산업혁명 시대, ESG 시대라는 큰 파고 위에서 점점 다양해지는 직원들의 생각을 모을 리더십이 필요합니다. 우리의 조직들이 서번트 리더십의 의미를 제대로 받아들인다면 진정한 '원팀'(One Team)으로 거듭나 조직문화에도 새로운 활력이 불 것입니다.

칭찬은 직원들을
춤추게 한다

"상사, 팀원, 동료 등 모든 사람이
내가 가장 중요한 사람임을 느끼게 해주세요.
라는 팻말을 머리 위에 들고 있다고 생각하십시오.
그러면 그들을 진심으로 가치 있는 존재로 대할 수 있습니다."

– 메리 케이 애시 회장 –

화장품 회사를 창업한 메리 케이 애시 회장은 P&L이 손익계산서 (Profit & Loss)가 아닌 사람과 사랑(People & Love)으로 해석했습니다. 기업의 매출이나 이익도 중요하지만, 인간의 삶을 풍성하게 만드는 하나의 수단일 뿐이라고 주장했습니다.

또한 리더는 우월함을 내세워 자신을 내세우기보다 직원들 스스로 가치 있게 느낄 수 있게 만드는 사람이라고 했습니다. 그리고 직원 한 사람 한 사람에게 마음을 다해 친밀도를 높여야 한다고 강조했습니다.

"북적대는 방에서 누군가와 이야기할 때 그 방에 우리 둘만 있는 것처럼 그를 대한다. 모든 것을 무시하고 그 사람만 쳐다본다. 고릴라가 들어와도 나는 신경 쓰지 않을 것이다"라며 경청과 직원 사랑을 몸소 실천했습니다.

사람은 칭찬받고 싶어 하는 마음이 인지상정일 것입니다. 칭찬을 받으면 자존감이 올라가서 맡은바 업무에 열정이 생깁니다. 때로는 리더의 사소한 칭찬 한마디에 삶의 목표가 달라지기도 합니다. 그래서 '칭찬이야말로 사람을 변화시키고 세상을 바꾸는 가장 강한 힘'이라는 말이 있는 이유입니다.

우리는 학창 시절 나를 칭찬해주고 인정해 주는 선생님의 과목은 더욱더 신경을 썼던 기억이 있을 것입니다. 직장에서도 다르지 않습니다.

한편 리더라면 자칫 칭찬보다 마음에 안 드는 것부터 눈에 들어올 수밖에 없습니다. 하지만 칭찬을 의식적으로 하다 보면 직원들의 장점이 보이기 시작합니다. 칭찬하면 할수록 직원들은 더 몰입하게 되고 칭찬할 일도 많아지는 선순환을 경험할 수 있을 것입니다.

특히 조직 내 점점 많아지고 있는 MZ세대들은 자유분방하고 다양한 경험을 즐깁니다. 특히 재미요소를 중요하게 여깁니다. 회사는 돈을 버는 곳이자 동시에 즐거운 '놀이의 장'이 되길 바랄 것입니다. 이를 위해서라도 리더들은 젊은 세대들의 '끼'를 발산할 수 있도록 칭찬을 통해 물꼬를 터 주어야 합니다.

MZ세대 직원 중에는 자녀뻘 되는 일도 있을 수 있습니다. 내 집에 있는 자녀도 내 마음대로 커 주지 않듯이 젊은 직원들의 개성을 인정하는 마음이 선행되어야 합니다.

외국의 어느 유명 CEO는 칭찬 습관을 만들기 위해 출근할 때바지 왼쪽 주머니에 동전을 세 개 집어넣고 칭찬을 할 때마다 다른 주머니로 옮겼다고 합니다. 하루에 동전을 모두 옮기는 것을 목표로 했다고 합니다. 때로는 의도적으로 칭찬하기 위한 나만의 장치를 하는 것도 필요합니다.

긍정심리학의 대가인 도널드 클리프턴은 "놀랍게도 미국인의 65%가 지난 1년간 뛰어난 업무성과를 올리고도 칭찬이나 인정을 받은 적이 한 번도 없으며, 인정을 너무 많이 받아서 고민된다는 사람은 한 명도 만나지 못했다"라고 말했습니다.

특히 리더라면 지나친 아부는 경계해야 합니다. 리더가 칭찬을 갈구하는 사람이라면 직원들은 아부를 경쟁적으로 하게 됩니다. 따라서 리더는 칭찬을 갈구하지도 말고 칭찬을 지나치게 하는 사람은 칭찬하지 않게 정확하게 말해주어야 합니다. 리더가 칭찬받는 것을 안 좋아한다고 소문이 나서 직원들이 업무에 집중할 수 있는 환경을 만들어주는 것이 중요합니다.

> 최고의 성과를 거둔 사람을 굳이 공개적으로 칭찬할 필요는 없다.
> 그런 사람은 다른 사람이 없는 자리에서 칭찬하는 것이 더 좋다.
> 다른 사람의 시기와 질투를 피하면서
> 슈퍼스타에 걸맞게 칭찬해줄 수 있기 때문이다.
> 반대로 비교적 덜 중요한 역할을 맡은 사람은
> 공개적으로 칭찬하는 편이 더 효과가 크다.

– 존 우든, 〈리더라면 우든 처럼〉에서 –

전설적인 농구 감독 존 우든은 실제로 덜 중요한 역할을 맡은 선수에게 더 많은 칭찬과 지지를 해주었다고 합니다. 대신 팀 기여도가 높은 선수는 개인적으로 불러 많은 칭찬했습니다.

들판이 클수록 이름 모를 꽃이 많듯이 조직도 이와 같습니다. 자신의 이름을 안다는 것은 자신의 존재도 인정한다는 의미입니다. 리더가 있는 그대로 자신을 바라봐 준다면 그 직원은 아름다운 성과로 보답할 것입니다.

그런 의미에서 감옥에 수용된 사람들은 이름 대신 번호로 부릅니다. 죄가 있으니 그 사람의 존재를 온전히 인정하지 않는다는 의미입니다.

4차 산업혁명 시대, ESG시대 등 세상의 변화 속도가 5G 이상으로 빨라진 오늘날 우리의 조직 역시 개인주의, 성과주의로 변질되고 있습니다. 이럴수록 리더라면 우리 조직에 '이름 모를 꽃'이 없는지 수시로 챙겨야 합니다. 어떤 꽃이 있는지, 그리고 언제 개화하는지 모르는 정원사는 자신의 의무를 묵과한 정원사이기 때문입니다.

"어떤 기업이 성공하느냐 실패하느냐의 실제 차이는 그 기업에 소속된 사람들의 재능과 열정을 얼마나 잘 끌어내느냐 하는 능력에 의해 좌우된다고 나는 믿는다"라고 토머스 제이 왓슨 전 IBM 회장이 말했습니다.

사람은 기계나 인공지능과 다릅니다. 기계나 인공지능은 감정이 없습니다. 특히 기계는 동일한 생산성을 유지하지만, 인간은 자신의 기분에 따라 생산성이 변하게 됩니다.

직원들은 리더들이 자신을 존중하고 있는지 그렇지 않은지 귀신처럼 알아차립니다. 시켜서 하는 일은 싫지만, 자신이 의사결정에 참여하면 일의 주인이 됩니다. 조직이 개별적으로 존중하고 지지해 준다면 충성도도 올라갈 것입니다.

'의인불용 용인불의'(擬人不用 用人不疑)라는 말이 있습니다.

의심이 나면 쓰지 말고 쓰게 되면 의심하지 말고 전적으로 신뢰하며 맡겨야 합니다.

리더는 인사를 받는 사람이 아니라 인사를 먼저 하는 사람입니

다. 칭찬을 받는 사람이 아니라 먼저 하는 사람입니다.

　오늘도 묵묵히 자기 일을 하고 있을 직원을 찾아 칭찬과 함께 '그의 이름'을 불러준다면 그 직원은 '꽃'이 되어 기대 이상의 성과와 함께 '기적'을 선물할 것입니다.

Hearing이 아닌 Listening, 경청(敬聽)의 의미

'Hearing'은 단순히 귀를 열고 소리를 듣는 것을 의미합니다. 반면 'Listening'은 소리를 떠나 귀를 기울여서 듣는 것, 즉 의미를 찾고 이해하는 것을 의미합니다.

진실된 리더라면 단순한 듣기가 아니라 **'의미 듣기'**와 **'경청'**하는 습관이 있어야 합니다.

여기서 '경청'(傾聽)이란 단어의 한자는 듣는다는 의미의 '청'(聽)은 귀라는 글자 아래 왕(王)이 있고 오른쪽에는 10(十)과 눈(目), 그 아래는 숫자 1과 마음심(心)이 있습니다.

이에 대해서는 많은 해석이 있지만, 왕의 말을 10번, 그것도 눈으로 보듯이 집중해서 들어야 한마음이 되는 것처럼 상대의 본심을 안다는 풀이가 현재까지 설득력이 있습니다.

'경청'(傾聽)은 여기에 몸을 기울인다는 글자 '경'(傾)까지, 더해졌으니 부하 직원의 말을 경청한다고 하면 본래의 의미는 **'몸을 그 사람 쪽으로 기울이고 마치 그가 왕인 것처럼 대하면서 한 두 번도 아닌 열 번을 집중해서 듣는 자세를 가진다.'** 라는 뜻입니다. 우리가 직장 내 평소의 대화방식과는 상당한 거리가 있을 것입니다.

상대방의 말을 경청한다는 것은 그 사람을 인정하는 것은 물론 권위까지 부여하는 것입니다. 상사로부터 인정과 권위를 받은 직원은 매사에 최선을 다하게 됩니다. 더 나아가 조직 전체가 경청 문화가 확산하면 세상에서 불가능한 일이 없을 것입니다.

> **"긍정적인 영향을 미치는 사람은 누구나 타인의 삶에 가치를 더해준다. 경청처럼 에너지를 많이 소비하지 않으면서도 큰 효과를 일으키는 행동은 흔치 않다."**
>
> – 리더십 전문가 존 맥스웰 –

하지만 측근의 말은 조심해야 합니다. 자신과 생각이 비슷한 사람들의 말에 리더는 마음이 끌리는 법입니다. 그래서 중요한 결정을 할 때는 다양한 채널을 통해 객관적인 의견을 듣는 것이 필요합니다.

사람들은 말 잘하는 상사보다는 경청하는 상사를 따르기 마련입니다. 만약 말도 잘하고 경청도 잘한다면 '금상첨화'(錦上添花)일 것입니다. 경청하는 상사를 따르는 이유는 내 마음을 알아주는 것처럼 편안한 기분이 들기 때문입니다.

대부분 사람들은 자신의 이야기를 하고 때로는 문제를 의논하면서 스스로 답을 찾기도 합니다. 우리가 정신과 의사를 찾아가는 이유는 자신의 이야기를 경청해 주는 사람을 구하지 못하는 이유도 있을 것입니다. 경청만 잘해도 좋은 리더가 되는 핵심 열쇠를 갖는 것과 같습니다.

이솝 우화에 나오는 이야기처럼 옷깃을 부여잡고 가는 사람의 코트를 벗기는 힘은 강한 바람이 아니고 오히려 따스한 햇볕이었습니다.

오늘날 많은 리더가 소통에 문제를 겪습니다. 경청이란 나의 고정관념을 벗어나 상대방의 입장이 되어야 진정한 대화가 시작되기 때문입니다. 그런 의미에서 **소통(疏通)**은 '**막힘없이 통함**'을 뜻합니다. 의사소통을 의미하는 **커뮤니케이션**이란 단어도 '**함께 나눈다** (communicare)'는 라틴어에서 기원합니다.

우리가 잘 아는 오프라 윈프리는 수많은 사람과 대담을 하며 느낀 점을 이렇게 말했습니다.

"수천 번 쇼를 진행하면서 대화와 깨달음을 통해 알게 된 것이 있습니다. 사람은 누구나 인정받고 싶어합니다. 관심을 받길 원하고 자신이 중요한 사람이라 여기고 싶어합니다.
따라서 우리가 누군가를 위해 할 수 있는 일은 우리가 그를 보고 그의
말을 듣고 있다는 걸 알게 해주는 것입니다."

- 오프라 윈프리 〈위즈덤〉 -

그렇다면 상대방의 말을 잘 들어야 하는 이유는 무엇일까요? 마
음챙김 명상으로 유명한 틱낫한 스님은 잘 듣는 일, 즉 경청(傾聽)
의 중요성을 이렇게 말했습니다.

"남의 말을 잘 듣는 데는 다만 한 가지 목적이 있을 뿐이다.
그들이 자기 속을 털어놓아 모두 비워낼 수 있도록 도와주려는 것이다.
남의 말을 잘 듣는 것 자체가 이미 그의 고통을 덜어 주는 행동이다.
남의 고통을 덜어 주는 것은, 그것이 아무리 사소한 고통이라도
세계 평화에 이바지하는 위대한 행동이다."

- 틱낫한 〈너는 이미 기적이다.〉 -

잘 듣기는 '마음챙김 듣기(Mindful Listening)'라고도 합니다. 마음
챙김 듣기는 '마음챙김 말하기(Mindful Speaking)'와 짝을 이룹니다.
잘 들어야 잘 말할 수 있는 이치입니다.

때로는 인간의 마음을 성난 코끼리에 비유되곤 합니다. 성난 코끼리는 이리저리 마구 쏘다니다가 자기가 원하는 것을 얻지 못하면 흥분을 가라앉히지 못하고 끝내 큰 말썽을 일으킵니다.

내가 혹시 대화 과정에서 성난 코끼리가 된 적은 없는지 생각해 봐야 합니다. 누구나 갑자기 화를 내본 경험이 있을 것입니다. 화를 내기 전과 후 천당에서 지옥으로 한순간에 상황이 뒤바뀔 수 있었을 것입니다. 직장생활의 불행이 성난 코끼리를 제멋대로 풀어놓아서 시작될지도 모릅니다.

88세로 세상을 떠난 미국 방송인 래리 킹은 전 세계 유명인사를 대상으로 5만 회 이상 인터뷰를 진행했습니다. 그는 CNN에서 1985년부터 2010년까지 25년 동안 진행했던 '래리 킹 라이브'에 미국의 현직 대통령 전원이 출연한 바 있습니다.

킹은 생전에 **인터뷰 잘하는 비결을 세 가지** 들었습니다.

"인터뷰 대상자의 말을 경청할 것", "준비를 너무 많이 하지는 말 것", "질문은 간단히 하되, 답변을 보고 바로 후속 질문을 할 것"입니다.

특히 킹이 중요시한 것은 '**경청**'입니다. 그는 2014년 한 언론사와의 인터뷰에서 "나는 내 인터뷰 대상자에게 소리를 지르거나 내가 그들보다 더 잘났다고 생각하며 훈계를 하지 않는다"라며 "나는 '왜 그랬죠?'를 첫 질문으로 던지고 최선을 다해 경청한다"라고 말했습니다.

상대에 대한 순수한 호기심을 담아 질문을 하면 초청 인사들은 무장이 해제되면서 마음속 깊은 이야기를 털어놓는다고 회상했습니다. 리더로서 회사 내 수시로 직원들과 피드백을 주는 우리에게 시사점이 클 것입니다.

삼성 창업자 고(故) 이병철 회장은 1979년 부회장으로 승진한 셋째 아들을 불렀습니다. 붓글씨 쓰기를 즐긴 이 회장은 '경청(傾聽)'이라는 글귀를 써서 아들에게 건넸다고 합니다. 이 회장은 젊은 나이에 회사경영에 뛰어든 막내딸에게도 출근 첫날 조언을 했다고 합니다.

'어린이의 말이라도 경청하라'…

이 회장은 계열사 사장과 회의할 때 가장 먼저 하는 말이 "이야기해 봐라"였다고 합니다. 또 "사람을 얻으려면 사람의 마음을 읽어야 한다"라고 강조하기도 했습니다.

우리는 어떤 태도로 삶을 사느냐에 따라 늙은이로 남느냐, 어른이 되느냐가 결정된다는 말이 있습니다.
리더라면 늙어서라도 젊은 사람들이 찾는 존재, 가족에게 다정하고, 주변 사람들에게 겸손한 존재, 더 나아가 세대를 관통하는 '경청의 기술'이야말로 최고의 '노후 준비'가 될 수 있을 것입니다.

멘토와 꼰대는
한끗 차이다

영어사전에서 'ggondae(꼰대)'를 검색하면 '자기 생각이나 방식이 항상 옳다고 여기는 권위적인 사람'이라고 나옵니다. 2019년 영국 BBC에서 오늘의 단어로 우리말 '꼰대'를 선정하기도 했습니다.

꼰대는 아래와 같이 대표적인 특징을 가집니다.

항상 자기 자랑을 하고, 후배들을 가르치려고 한다.

남의 말을 듣지 않는 독불장군으로 나이가 어리다고 무시를 한다.

뜬금없이 화를 내고 후배들이 살갑게 다가오면 버릇없다고 쏘아 붙인다.

마지막으로 자기 자신이 꼰대인 줄 모른다.

반면 젊은 사람들에 대한 기성세대의 불신도 역사가 깊습니다. 기원전 1700년경 수메르 점토판에 "제발 철 좀 들어라. 왜 그렇게 버릇이 없느냐"며 나약하고 철없는 '요즘 것들'을 나무라는 내용이 있다고 합니다.

중세 시대 스페인 사제였던 알바루스 펠라기우스는 "요즘 대학생들을 보면 정말 한숨만 나온다"라고 한탄했습니다. 하지만 그 불신의 이면들을 들여다보면 어찌 보면 '다른 존재'에 대한 두려움이 동시에 자리한다고 볼 수도 있을 것입니다.

이런 꼰대 마인드를 가진 사람들은 자신 스스로 삶을 위축하고 제한해 버립니다. 우물 안 개구리를 자처하기에 삶의 다양성을 키우지 못하고 고정관념만 늘어 종국에는 고집불통이 되어갑니다.

자신에게 이런 꼰대 마인드가 있다면 절대적 용어보다 중도적인 언어를 사용하는 연습이 필요합니다. "이건 절대적인 것이 아니야, 내 생각이 다를 수도 있어" 하는 마인드 훈련을 의식적으로 하는 것이 좋습니다. 무엇보다 이런 사고에 스며들지 않기 위해 나이가 들수록 계속 공부를 해야 하는 이유이기도 합니다.

리더라면 조직 생활의 많은 경험이 있습니다. 그 경험을 후배들을 지적만 하는 수단으로 사용할 때 '꼰대'가 됩니다. 반면 후배들을 도와주는 수단으로 사용한다면 존경심을 유발할 것입니다.

젊은 세대와의 효과적인 소통 방법은 그 세대들을 있는 그대로 인정하는 마음가짐에서 출발합니다. 다만 상사와 부하라는 자체만으로 수직적일 수밖에 없습니다. 이런 관계를 무리하게 수평적으로 만들면 조직문화에 심한 훼손이 가서 득보다 실이 더 클 수 있음을 경계해야 합니다.

2015년에 개봉한 영화 '인턴'을 보면 70세의 주인공(로버트 드니로)은 자기 자식보다도 어린 최고경영자(앤 해서웨이)가 있는 회사에 인턴으로 취직하게 됩니다.

처음에는 이메일을 제대로 보내지 못해 애를 먹지만 시간이 지날수록 점점 더 자신의 노하우를 수평적 소통을 통해 CEO에게 나눠줍니다. 이 영화의 부제가 **'경험은 결코 늙지 않는다(Experience never gets old)'**라는 것이 우리 리더들에게 주는 시사점이 크다고 생각됩니다.

나이의 많고 적음을 떠나 가치관이 다른 사람을 인정하지 않고 원하지 않는 조언만 한다면 꼰대입니다. "우리 때는 이렇게 일하고 인정받고 승진했다. 너희들도 우리 때처럼 해야 한다. 재테크는 우리 때처럼 일단 이렇게 하고…."라고 강요한다면 불통으로 가는 지름길입니다.

젊은 직원들도 회식 자체를 싫어하지는 않는다고 합니다. 다만 직장생활 '꿀팁'을 알려주는 상사와는 이야기를 나누고 싶어합니다. 가장 힘든 점은 상사의 지나친 개인사 TMI(Too Much Information)입니다. 업무적으로 만난 직장에서 상사와 개인적인 정보를 여과 없이 공유하고 싶지 않기 때문입니다.

"저렇게 우아하게 늙고 싶다"

한국 배우 최초로 오스카상을 탄 배우 윤여정을 두고 젊은 세대들이 이야기합니다. 세계적인 상을 받았다는 사실보다 특유의 입담과 연륜에서 묻어 나오는 여유, 그러면서도 권위적이지 않은 모습에 사람들은 열광합니다.

"최고 말고 최중(中)이 되자", "젊은 사람들이 센스가 있으니 그들의 얘기를 들어야 한다." 등 윤여정 어록이 만들어진 것은 물론, 윤여정의 매력에 스며든다는 의미의 '윤며들다'는 말도 신조어로 나왔습니다. 이렇듯 공감의 기반은 호감입니다. 선배들의 모습이 트렌디 하다면 후배들은 닮고 싶은 생각이 자연스럽게 들 것입니다.

공자는 다음과 같이 말했습니다.

나이는
세월(歲月)이 주는 게 아니라 세상(世上)이 주는 것이다.

젊은이는
자기(自己) 자신(自身)을 통(通)해서 세상(世上)을 바라보지만,

나이 먹은 사람은
세상(世上)을 통(通)해서 자기(自己) 자신(自身)을 바라보기 때문이다.

결국 나이나 전통 그 자체가 중요한 것이 아닙니다. 다만 초연결

시대에는 정보의 방향이 바뀌었습니다. 이제 학교보다 온라인에 더 많은 정보가 존재합니다. 손바닥에 있는 휴대전화를 통해 24시간 전 세계와 접속할 수 있습니다.

바야흐로 어른이 아이를 모방하는 시대가 되었습니다. 자식이 부모를 가르치고, 상사가 후배에게 배우는 시대가 되었습니다. 이런 냉엄한 현실을 '쿨'하게 인정하고 시대에 뒤처지지 않는 멘토가 되기 위해 자기 계발을 게을리하지 말아야 할 것입니다.

직원들은 모두 인재다,
강점 강화

모든 사람은 천재다.

하지만 물고기들을 나무타기 실력으로 평가한다면,

물고기는 평생 자신이 형편없다고 믿으며 살아갈 것이다.

– 아인슈타인 –

  사람이 태어날 때 가지고 있는 잠재력의 총합은 모두가 똑같다는 말이 있습니다. 잠재력의 총합은 같지만, 각자가 잘하는 분야는 따로 있기 때문입니다. 이는 조직 관리를 주로 하는 리더들에게 시사점이 크다고 할 수 있습니다.

  자신의 조직 내에는 다양한 성향을 지닌 직원들이 있습니다. 네트워크를 잘하는 사람, 발표를 잘하는 사람, 쉽게 구조화시키는 사람 등 각자의 능력이 있습니다. 어쩌면 직원들 스스로 무엇이 강점인지 조기에 발견하는 것도 리더의 중요한 역할일 것입니다. 그리고 그 직원 스스로 깨우치게 만들고 그 부분에 과감하게 자율성을 준다면 예상치 못한 결과를 가져올 수 있을 것입니다.

최근 젊은 사람들 사이에 유행하는 16가지 성격 유형을 나타내는 'MBTI' 검사는 자신은 물론 다른 사람을 이해하기에 좋은 재료가 될 수 있습니다. 어느 회사에서 워크숍을 가서 성격 유형 검사를 했는데 16가지 유형 중 무려 15가지의 유형이 나와 깜짝 놀랐다고 합니다.

다른 배경과 성향을 지닌 사람들을 하나의 목표로 끌어내는 것은 리더의 중요한 역할입니다. 계절마다 다른 꽃이 피어나듯 직원들 나름의 방식과 속도로 살아가고 있기 때문입니다.

하지만 리더가 각자의 방식과 속도를 인정하지 않고 획일적인 지시와 통제를 한다면 효율성이 떨어지는 것은 물론 상사와의 갈등만 깊어질 수 있습니다.

어느 회사 경영자가 이런 말을 했다고 합니다.
"모든 회사가 입사 면접에서 강점과 자질이 무엇인지 묻는다
그러나 입사를 하고 나면 약점을 어떻게 보완할지를 묻는다"
자신이 몸담은 조직의 현실에 대한 자조 섞인 고백일 것입니다.

그런 의미에서 미국 여론조사기관 갤럽(Gallup)의 짐 클리프턴 회장은 DB 풀의 40만 개 팀을 조사한 결과 최고와 최악의 팀을 나누는 가장 중요한 요소는 '리더'였다는 놀라운 결과를 내놓았습니다.

클리프턴 회장은 "리더의 역할은 직원 개개인의 강점을 극대화하는 것"이라고 여러 번 반복했습니다. "전통적으로 여겨져 왔던 개인의 약점을 파악하고 이를 개선하는 것은 잘못된 관리법"이라고도 덧붙였습니다. 직원의 약점 대신 강점을 파악하고 이를 극대화하면 성과도 더 좋아진다는 것이 클리프턴 회장의 결론이었습니다.

지난 20년 동안 전 세계적으로 직원 업무 몰입도는 15% 수준에 머물렀다.
나머지 85%의 글로벌 노동자들은 업무에 몰입하지 않는다.
그저 쳇바퀴 굴러가듯 주어진 일을 하는 것이다.
그리고 이들 중 대부분은 자신의 상사나 팀장을 싫어한다.
그 이유는 바로 관리자가 직원들의 잠재력을 극대화하는 데 실패하기 때문이다.

클리프턴 회장이 연구 결과를 바탕으로 〈강점으로 이끌어라〉를 집필한 이유도 현재 조직에서 사용되고 있는 경영관리법은 요즘 시대에는 쓸모없다는 사실을 널리 알리기 위해서였다고 합니다.

기존 전통적인 조직 관리에서 벗어나 개별직원에게 집중하는 맞춤형 관리제 도입이 시급하며 상사도 '관리'가 아니라 '코치'가 되는 문화로 하루빨리 바뀌어야 한다고 강조했습니다.

또한 리더의 역량으로 '비판적 사고'가 중요하다고 말했습니다. 대부분 리더는 자신과 비슷하게 생각하는 사람들에게 쉽게 둘러싸입니다. 이런 부작용으로 쉽게 확증 편향에 빠질 수도 있습니다.

이를 막기 위해 리더는 '그 결정이 말이 되는가?' 등의 비판적 사고를 수시로 가져야 하며 특히 '분석 기반 증거', 즉 의사결정을 뒷받침하는 객관적인 데이터의 중요성을 강조했습니다.

사람들은 리더가 기대하는 만큼만 성과를 낸다.
위대한 감독은 선수들에게 자신이 생각하는 것 보다
훨씬 더 우수한 선수라고 믿게 만드는 재주가 있다.
그는 선수들에게 자신이 그들을 믿고 있다는 사실을 알게 한다.
일단 자기가 얼마나 우수한지 알게 된 선수는
자신의 최고 기량에 미치지 못한 경기에 만족하지 못하게 된다.

– 명예의 전당에 헌정된 야구선수, 레지 잭슨 –

그런 의미에서 히딩크 감독이 이끈 2002년 한국 축구팀은 강호들을 꺾으며 4강에 오르는 기염을 토했습니다. 하지만 히딩크 감독 부임 초기시절 많은 사람이 현역 시절 축구 선수로서 뛰어나지 않았던 점에서 잘할 수 있을까 하는 의문을 품고 있었습니다.

평소에 우리가 생각할 때는 축구에 대한 완벽한 기술이 있어야 좋은 감독이 될 수 있다고 생각하기 때문입니다. 하지만 축구의 세계만 보더라도 선수, 감독, 행정가, 아나운서, 해설가, 스포츠 기자 등 각기 맡은 역할이 있습니다. 이런 역할을 하는 사람들의 능력이 각각 다를 뿐 그들 사이에 수직적인 차이는 없습니다.

이런 맥락으로 조직을 들여다보면 리더로 성장할 사람, 기획력이 뛰어난 사람, 눈에 띄지 않지만 성실하게 일하는 사람, 네트워크 능력이 좋은 사람, 엑셀을 잘하는 사람들이 보이게 될 것입니다.

높고 낮음이 아닌 각기 수평적 재능을 가진 사람들을 하나의 조직으로 안정적으로 굴러가게 하는 것이 리더의 역할입니다. 한편의 축구 경기를 보기 위해 감독과 선수, 행정가, 기자, 관중 등이 모두 있어야 하는 것과 같은 이치입니다.

논어 '안연' 장에 "군자는 남의 아름다운 점은 이뤄주고, 남의 나쁜 점은 이루어주지 않는다. 소인은 반대이다(君子 成人之美 不成人之惡 小人反是)"라는 말이 나옵니다.

유능한 리더와 무능한 리더의 차이점은 직원들의 강점을 얼마나 빨리 발견하느냐에 달려 있습니다. 어떤 사람인지보다 어떤 일을 맡기느냐가 조직에서 더 중요하기 때문입니다.

무능한 상사는 자신의 용인(用人)은 탓하지 않고 부하 직원의 실력을 탓합니다. 이를 극복하기 위해서라도 직원들이 '무엇을 할 수 없는가'보다 '무엇을 잘할 수 있는가'를 의식적으로 찾아보아야 합니다.

수, 우, 미, 양, 가의 뜻

'빼어날 수(秀)'

'우수할 우(優)'

'아름다울 미(美)'

'양호할 양(良)'

'가능할 가(可)'

어렸을 때 우리의 마음을 졸이게 했던 성적표의 '수우미양가'가 실제로는 이런 놀라운 뜻이 있었습니다. 성적은 제각각 달라도 우리 아이들은 모두가 빼어나고, 우수하고, 아름답고, 양호하고, 가능한 존재입니다.

아이들의 성장을 기다리고 인내하는 부모처럼 우리 직원들을 바라본다면 조직의 미래가 달라질 것입니다.

회의는
스마트(smart)하게 한다

　리더라면 회의는 직장생활 영위하는 동안은 항상 따라다니는 숙명과도 같습니다. 위로 올라가면 올라갈수록 대다수 시간을 회의에 쓰게 되는 자신을 발견하게 됩니다. 한 연구에 따르면 직장인들은 평균 한 달에 약 60번의 회의에 참석한다고 합니다. 또한 전체 업무 시간의 30%를 소비한다고 합니다. 그렇다면 이왕 이렇게 회의할 바에는 스마트하게 하는 것이 필요합니다.

　구글의 에릭 슈미트는 보통의 회의가 시간 낭비로 끝나는 경우가 대부분이지만, '제대로 된 회의'는 의견과 자료를 공유하며 토론을 통해 의사결정을 할 수 있는 가장 효율적인 도구라고 강조했습니다.

　구글은 IT 회사답게 '비효율'을 방지하고 효과적인 의사결정을 도출하기 위한 '구글의 8가지 회의 법칙'이 있다고 합니다.

구글의 8가지 회의 법칙

1. 최종 의사 결정자가 참석

2. 회의가 끝나면 48시간 이내에 회의 내용 공유

3. 명확한 목적, 회의 주제에 필요한 사람들만 참석

4. 굳이 만날 필요가 없는 회의는 과감히 취소

5. 모든 사람이 의견을 낼 수 있도록 인원을 최대 8명으로 제한

6. 아무리 중요해 보이는 회의라도 자신의 역할이 없으면 참석하지 않기

7. 철저한 시간 관리

8. 회의 시 스마트폰 사용 등 몰입에 방해하는 행위 금지

구글의 8가지 회의 법칙처럼 회의 석상에서 처음 주제를 알게 되고 토의를 시작하면 효과를 내기는 힘듭니다. 그 자리에서 짧은 생각으로 나온 의견이 온종일 고민하는 사람의 생각보다 좋을 확률은 낮기 때문입니다.

그러므로 회의 하루 전에는 참석자들에게 주제를 알려주고 미리

고민해오게 해야 합니다. '그냥 생각해 보세요'가 아닌 참고 자료를 미리 제공하고 '개선할 점을 세 가지를 적어와라' 등 구체적일수록 직원들의 생각도 날카로워지기 때문입니다.

미리 충분히 고민해온다면 회의의 질은 현격히 올라갈 수 있을 것입니다.

커뮤니케이션 학자 제임스 루카스는 리더의 소통에서 "결정적 명령과 전달은 전체 소통 비율의 5% 정도면 충분하다."라고 말했습니다. 대신 **회의 참가자의 의견을 끌어낼 수 있는 질문을 더 많이 하고 질문을 더 구체화 해야 한다**고 강조했습니다.

그런 의미에서 회의에 참석한 리더의 역할과 행동은 구체적이어야 합니다. 회의는 리더와 팔로워가 함께 모여 의사결정을 내리는 곳입니다. 그러기에 회의를 하면 그 진행 과정에 리더의 가치관, 업무의 우선순위, 사고의 수준이 극명하게 드러나게 됩니다. 결국 이런 수준이 의사결정 기준이 되고 회의 결과는 조직에 많은 영향력을 끼치게 될 것입니다.

만약 이렇게 많은 공수가 들어가는 회의에 결론이 안 난다면 회의감이 몰려오게 됩니다. 특히 마라톤 회의보다는 최초 정해진 시간에서 결론을 내는 것이 중요합니다.

리더는 회의 진행방식에도 임파워먼트를 실천해야 합니다. 그렇게 되면 평직원이 과장이 되고, 과장이 차장이 되고 차장이 부장처럼 사고할 수 있게 됩니다. 반대로 리더가 임파워먼트를 하지 않으면 부장도, 차장도, 과장도 모두 평직원이 되어 비효율적인 회의가 될 것입니다.

회의하는 것을 보면 그 회사의 수준을 알 수 있습니다. 회의하는 방식과 수준은 회사의 모든 것이 녹아 있는 결정체이기 때문입니다. 회의 준비부터 회의 시간 엄수, 의견제시, 결론 도출 등 전 과정에 걸쳐 기업의 내공이 고스란히 노출될 것입니다.

특히 리더는 자리가 올라갈수록 자신과 비슷한 생각을 하는 사람들에게 둘러싸이는 '반향실 효과(echo chamber effect)'를 경계해야 합니다.

이런 효과를 막기 위해 리더들은 직원들에게 다양한 시선의 의견을 의도적으로 청취해야 합니다. 특히 자신과 의견이 맞지 않는 사람도 인정하고 감사함을 표현해야 합니다. 리더로서 직원들의 의견을 경청하는 모습을 보이면 더 많은 직원이 자신만의 목소리를 낼 것입니다.

또한 회의 중간마다 "왜 그런 결론을 내셨나요?", "추가 의견이 있을까요?"처럼 대화가 끊어지지 않고 이어질 수 있도록 질문으로 유도하는 것이 좋습니다.

특히 리더는 회의 시간 중 마지막에 말하는 것이 효과적입니다. 그러면 더 많은 의견이 나올 수 있기 때문입니다. 직원들은 자신의 의견을 더 적극적으로 제시하는 것은 물론 자기 말을 리더가 경청한다고 생각하게 되기 때문입니다.

회의 무용론자들은 '회의 없는 기업이 강하다.', '회의를 없애라' 같은 주장을 하기도 합니다. 하지만 협업이 필요한 일이 많기에 조직 내 회의를 없애기는 현실적으로 어렵습니다.

과거 중국 당 태종은 뛰어난 정치가, 전략가, 예술가이기도 했으며 왕조의 최전성기를 이끈 황제로 손꼽힙니다.

그는 대신들과의 회의 석상에서 따끔한 직언을 유도하고 신하들의 의견을 적극적으로 수용했다고 합니다. 이를 위해 신하들의 마음을 헤아리고 안색을 부드럽게 하며 들었다고 합니다. 회의 후에는 바로 실천함은 물론 해당 의견을 낸 신하에게 공개포상도 했습니다.

이런 의미에서 현명한 리더라면 스마트한 시대에 스마트한 회의 운영을 위해 부단한 노력을 기울여야 할 것입니다.

治國

조직을
현명하게
이끌다

워라밸 시대,
리더십의 판이 바뀌다

'워라밸'은 최근 언론상에 많이 나오는 용어입니다. 워크 앤 라이
프 밸런스(Work and Life Balance)의 약자로 '일과 삶의 균형을 맞춘
다'라는 의미입니다. 조금씩 유행하기 시작하더니 〈트렌드 코리아
2018〉에서 키워드로 꼽으며 화두가 되었습니다.

일과 삶의 균형이라는 이 단어에 혹시 직원들을 잘못 대하면 꼰
대로 불릴까 봐 보통 리더들은 긴장하게 됩니다. 하지만 기존업무
는 줄어들지 않았지만, 시대적 흐름을 반영하여 퇴근은 지켜줘야
하기에 노심초사하고 있습니다.

과거에는 리더의 지시에 따라 일사불란하게 움직이는 것이 일상
이었습니다. 그렇다 보니 성과는 많이 났지만, 직원들의 땀과 노력
을 수반해야만 했습니다.

하지만 세상이 천지개벽했습니다. 자율주행, 로봇, 빅데이터, 인공지능을 화두로 4차 산업의 파고가 높습니다. 포스트 코로나로 4차 산업혁명 시대에 경험할 것으로 예상했던 재택근무와 원격근무는 이젠 뉴노멀이 되었습니다.

이로 인해 일하는 방식과 디지털 근무환경이 급변하게 되었습니다. 이런 환경에 적응하기 위한 새로운 리더십이 요구되고 있습니다.

최근 미국 CNBC는 "노동 시장에서 구직자가 우위를 점하게 될 것"이라며 "앞으로는 기업이 직원을 선택하는 것이 아니라 직원이 기업을 선택하는데 퇴사 시대가 올 것"이라고 예측했습니다.

실제 우리나라 MZ세대의 이직 시도율이 높아지고 있다고 합니다. 최근 사례뉴스(대 퇴사 시대)에 나온 기사에 따르면 블라인드에서 실사한 조사에서 2020년 기준 직장인 2명 중 1명(50.4%)이 최근 1년 내 이직 시도를 한 적이 있다고 답했습니다.

인터뷰에 응한 블라인드 회사 담당자는

"코로나19 이후 기업 행복도 지수가 극단적으로 양극화되는 경향이 있었다. 시대적 요구에 빠르게 대처한 기업과 그렇지 않은 기업의 차이가 컸기 때문이다."

"재택근무, 유연 근무제 도입 등 코로나 시대에 맞추어 복지 제도를 개편한 조직이 특히 매년 행복도가 높아지고 있다. 이는 MZ세대 이직률에 영향을 미치는 요인으로 작용한다"라고 답했습니다.

블라인드 지수가 가장 높았던 기업들의 세 가지 특징

1. 높은 '업무 의미감'
업무 의미감이란 '회사에서 내가 하는 일이 내 인생의 방향과 일치한다고 느끼는 정도'입니다.

2. 타 기업 대비 높은 '상사 관계 지수'
상사 관계 지수는 '나의 상위자가 나의 일에 도움이 된다고 느끼는 정도'입니다. 리더가 업무상 필요한 지원을 해준다고 느낄수록 상사 관계 지수가 높아졌습니다. 특히 블라인드 연구팀은 "직장 내 관계 가운데 '동료 간 관계'가 아닌 '상사와의 관계'가 직장인 행복에 가장 큰 영향을 미친다"라고 밝혔습니다.

3. 한국 평균보다 높은 '윤리 지수'
윤리 지수란, 회사에서 부당한 일을 겪었을 때 회사가 문제 상황을 공정하게 처리해줄 것이라는 믿음의 정도입니다. 윤리 지수가 가장 높았던 기업담당자는 인터뷰에서 "회사 내 문제를 팀 상황이나 개인 성향에 따라 다양한 채널에서 쉽게 공론화할 수 있어서 윤리 지수가 높은 것 같다"라고 답했습니다.

포스트 코로나 시대와 4차 산업혁명은 속도와 복잡성으로 인해 막연한 두려움이 생기기도 합니다. 이런 환경에서 성과를 내려면 리더는 어떻게 해야 할까요?

우선 과거처럼 "하면 된다."라는 종교처럼 신봉해 온 근면, 성실을 내려놓아야 합니다. 시대의 변화를 읽지 않고 빨리 달리기만 하는 기업은 생존의 위협을 직면하게 됩니다. 주 52시간을 넘어, 주 40시간 이제는 주 4일제를 시행하는 기업이 생기고 있습니다. 과거처럼 무턱대고 일하다가는 리더 혼자 사무실에 덩그러니 남아 남은 일을 해치워야 합니다. 기존 업무 프로세스를 다시 들여다보고 스마트 하게 일해야 합니다.

또한 팀워크를 높이기 위한 회식은 젊은 직원들이 선호하지 않습니다. 세계보건기구의 연구에 따르면 우리나라 성인 남성은 연평균 21 l 의 알코올을 소비한다고 합니다. 우리나라보다 술을 많이 마시는 국가는 동유럽 국가인 러시아, 우크라이나, 루마니아뿐입니다.

단합 목적의 회식이라면 점심시간에 하거나 젊은 직원들이 선호하는 메뉴를 골라야 하는 시대입니다. 정말 회식에 야근 수당을 줘야 하는 날이 곧 올 수도 있을 것입니다.

과거 선배들은 그렇지 않았는데 지금은 전혀 다른 상황이 펼쳐지고 있습니다. 후진국일수록 리더가 되면 편하고 선진국일수록 리더가 되면 힘들다는 말이 있습니다. 선진국의 반열에 들어서고 있는 우리의 실정을 감안하면 억울하더라도 받아들여야 합니다. 그래서 리더들은 부장, 임원 등 고위직과 MZ세대 사이에 샌드위치 신세가 되었습니다.

직장 후배들에게 개인적인 연애관, 취미 등 지나친 개인사에 관심사를 물어보면 썩 좋아하는 눈치가 아닙니다. 요즘 젊은 직원들은 일과 인생은 반드시 분리하고 싶어 하며 프라이버시라고 느낄 수 있기 때문입니다.

그렇다면 우리 같은 리더들은 어떻게 조직을 이끌어 가야 할까요? **가장 중요한 것은 현재 하는 직무의 전문성을 확보해야 합니다.** 젊은 직원들은 워라밸을 추구하기 위해 일 잘하는 상사를 좋아합니다. 그들의 다년간의 노하우가 담긴 업무 스킬을 배운다면 기꺼이 자신의 시간을 내줄 수 있기 때문입니다. 그래서 그 어느 리더보다 똑똑한 리더를 원합니다.

두 번째는 젠틀한 상사를 원한다는 것을 알아야 합니다. 과거처럼 폭언과 무시가 일상이었던 시절이 아닙니다. 가정마다 귀하게 자랐기 때문에 그런 대접을 받아본 적이 없거니와 그런 언행은 상사라도 묵과할 수 없다고 인식하고 있기 때문입니다. 오랜 습관으로 변화가 쉽지 않겠지만 직원들을 존중하고 경청하며, 기다려 주는 모습은 후배들에게 본보기가 될 것입니다.

세 번째는 젊은 직원들도 그 어느 세대 보다 성장의 갈증이 있음을 이해해야 합니다. 현재 직무를 통해 성장할 수 있고, 자신의 스펙에 도움이 된다면 열과 성을 다해 몰입할 것입니다.

지금 세대들에게 '평생직장'이라는 개념이 없습니다. 자신의 부모님이 IMF를 경험한 것을 보고 자랐기에 학습효과이기도 할 것입니다.

따라서 워라밸 시대에 좋은 리더란 신속하고 업무의 핵심을 간파하고 직원들에게 그 노하우를 전수하는 멘토의 임무를 수행해야 합니다. 세대 차이를 논하기에 앞서 내가 리더로서 후배들에게 업무 의미감을 부여하고 있는지, 상사 관계를 조화롭게 유지하고 있는지, 조직 내 윤리 의식이 잘 관리되고 있는지 수시로 돌아보아야 할 것입니다.

이렇게까지 직원들을 대해야 하나 하는 감정이 올라올 수도 있습니다. 하지만 이제는 과거처럼 답습하는 리더십으로는 한계가 있으며, 조직에서도 그 자리에 오래 두지 않는다는 냉엄한 현실을 직시해야 할 것입니다.

'업'(業)의 본질을
재정립하라

개인적으로 직장생활을 하다 보면 인사발령이 나서 새로운 부서를 맡게 되는 일이 종종 있습니다. 그런 경우 첫 회의 때 직원들을 모아서 우리 부서의 이름을 가지고 한동안 토론을 하곤 합니다.

조직 내 전통적인 부서인지 트렌드를 반영한 신규 부서인지 아니면 지원부서인지 현장 일선에 있는 부서인지 다양한 부서가 있을 수 있습니다.

리더라면 새로운 업무를 시작하기 전에 먼저 그에 대한 정의를 내리고 부서원들과 합의가 되어야 합니다. 소속한 회사의 업종과 형태에 따라 소속 부서의 정체성을 재정립하는 것이 리더의 첫 번째 회의 어젠다(agenda,의제)가 되어야 합니다.

나의 인생이란 무엇인가? 나는 무엇을 이루고 싶은가?

자신의 에너지를 어디에 써야 좋은가? 이것을 결정하는 것이 중요하다.

그런 의미로 나는 이 한 문장을 정했다.

"오르고 싶은 산을 결정하라. 이것으로 인생의 반은 결정된다."

자신이 오르고 싶은 산을 정하지 않고 걷는 것은

길 잃고 헤매는 것과 같다.

– 손정의 소프트뱅크 회장 –

오르고 싶은 산을 결정하듯 리더라면 개인영역, 부서영역, 조직영역을 한꺼번에 조망하고 부서에 맞는 업의 본질을 정의하고 부서원들에게 그에 맞는 업무를 부여해야 합니다.

자신이 속한 조직에 대한 업의 본질을 질문해보면 그 사람의 그릇을 한눈에 파악할 수 있습니다. 질문에 대해 당황한 표정을 짓거나 한 번도 생각해보지 않은 사람은 리더의 자질이 부족한 사람입니다. 리더가 가진 '업의 본질'에 대한 가치관에 따라 조직의 미래가 변하기 때문입니다.

또한 '당신은 무슨 일을 하는 사람입니까?'라는 질문을 하면 대부분 사람은 자신이 속한 회사와 부서 직책 등을 이야기합니다. 하지만 이것은 '직'(職)이지 '업'(業)이 아닙니다. 중요한 것은 '직'(職)이 아니라 '업'(業)입니다. **업은 평생에 걸쳐 만들어가야 하는 일입니다.**

물류회사 페덱스 CEO 프레더릭 스미스는 자신의 업을 '고객에게 마음의 평화를 판매한다'라고 정했습니다. 영국의 서점 체인 워터스톤스는 서점을 '좋은 책을 추천해 고객에게 자신에게 맞는 책을 사게 만드는 큐레이터'로 재정의 한 다음 비로소 흑자로 돌아설 수 있었습니다.

업의 본질과 개념은 시대에 따라 달라질 수 있습니다. 시계 사업을 보더라도 '정밀기계사업'이나 '패션사업'이나 '보석사업'으로 각기 다른 관점으로 접근할 수 있습니다. 어떻게 바라보느냐에 따라 경영방식도 달라져야 합니다. 리더라면 자신의 사업을 할 때 업의 본질을 꿰뚫어 보는 능력이 가장 중요합니다.

일본에는 긴자 술집에서 50여 년 동안 조그만 바를 운영하며 101세의 나이로 작고한 아리마 히데코라는 마담이 있었습니다. 그녀는 자기 일을 "술집은 샐러리맨들의 스트레스를 풀어주는 곳, 마담은 술을 마시는 사람이 아니라 즐겁게 술을 마시도록 도와주는 사람"이라고 정의했습니다.

승진에 실패한 회사원에게는 위로 편지를, 사업에 성공한 이에게는 축하의 편지를 쓰는 것이 그녀의 평생 일과였습니다. 마담이었지만 술은 90세가 넘어서야 조금씩 마셨으며, 찾아오는 손님들과 격조 있는 대화를 나누기 위해 매일 3가지의 신문을 읽었다고 합니다. 단골 가운데는 문학계 유명 인사와 기업인이 많았다고 합니다. 그녀는 술집을 한 것이 아니라 어찌 보면 '인생 상담업'을 한 것입니다.

리더는 자신의 부서가 작은 회사라고 생각하고 자신만의 가치관을 녹여 조직을 경영해야 합니다. 스스로 조직도상의 부서로만 제한하면 시야가 좁아집니다. 부서 자체가 회사라면 리더는 곧 사장입니다. 사장이라는 생각으로 조직을 경영하게 되면 일을 대하는 태도가 달라집니다.

그런 의미에서 리더는 자기만의 고유한 색깔이 있어야 합니다. 자기 주관이 없는 리더는 상대방의 기분과 기준만을 살피고 사내 정치에 함몰되며 늘 불안할 것입니다.

특히 우리나라의 노동생산성은 OECD 36개국 중 30위입니다. 직장인들은 여전히 노동생산성 최상위권보다 1.4배 더 일하고 있습니다.

60여 년 전에 피터 드러커가 지적했던 기업의 주된 문제는 '옳은 일을 하는 것'과 '제대로 일하는 것'입니다. 옳은 일과 제대로 일하는 것에 대한 정의를 제대로 내리지 않는다면 낮은 노동생산성의 책임은 리더의 몫입니다. 일하는 방식의 변화, 일하는 사람의 변화, 일하는 환경의 변화가 일어나는 시대에 발맞춰 우리는 새로운 혁신을 준비해야 합니다.

혁신으로 치면 세계적인 센세이션을 불러온 '컨테이너' 사례가 있습니다.

인류는 과거 3500년 동안 화물을 일일이 사람의 힘으로 배에 싣고 내리는 수작업에 의존했습니다. 전체 운송 시간의 3분의 2가 선적과 하역에 소요되곤 했습니다.

이런 방식을 혁신하여 트럭째로 배에 싣는 아이디어가 등장한 것은 60여 년 전입니다. 맬컴 매클레인이 이끄는 시랜드 회사는 컨테이너 방식을 통해 t당 화물 운송비를 무려 97% 낮출 수 있었습니다.

시간과 비용의 획기적 절감이 가능해지자 전 세계적으로 빠르게 컨테이너 방식을 받아들였고 불과 15년 만에 수천 년을 이어온 해상무역의 모습이 180도 바뀌게 되었습니다.

어느 가수는 같은 곡이라도 자신만의 창법으로 소화해서 노래합니다. 원곡 가수보다 더 노래를 잘 불러서 큰 인기를 얻는 일도 있습니다. 일도 마찬가지입니다. 상사가 업무를 줄 때는 자신의 색깔에 맞게 업의 정의를 재해석해서 쉽고 정확하게 지시해야 합니다.

전문가들은 코로나19 유행이 끝나도 과거처럼 돌아갈 수 없을 것으로 전망합니다. 향후 비대면 언택트 시대는 주류가 될 것입니다. 동전의 양면성처럼 '판이 바뀌는 시대'에 오히려 위기는 기회가 될 수 있습니다.

현명한 리더라면 자신만의 업의 재정의를 통해 자신이 속한 조직에 새로운 생명력을 불어넣을 수 있을 것입니다.

리더는 제한된 자원으로 성과를 내는 사람이다

직장생활을 하다 보면 리더의 유형은 극렬히 나누어지기도 합니다. 어떤 리더는 맡은 부서마다 '사람이 부족하다', '일이 많다'라고 불평불만을 쏟아내며 인사부서장 등을 수시로 찾아가 하소연하는 리더가 있습니다. 반면에 다른 리더는 기존에 사람이 부족하다는 것을 알면서도 제한된 인력과 자원으로 훌륭한 성과를 내는 리더가 있습니다.

중요한 점은 불평불만만 쏟아내는 리더는 어느 부서를 맡더라도 습관적으로 비슷한 행동을 한다는 것입니다. 리더가 불평만 가득하면 해당 부서원들도 사람 오기만을 기다리며 뒤로 물러나 같이 불평불만을 하게 됩니다.

하지만 현명한 리더는 이런 분위기가 전염되지 않도록 직원들을 현명하게 설득합니다. 그 과정에서 고생한 직원들에게는 훗날 인사 평가나 승진으로 보상하기 위해 열심히 뜁니다. 이런 진정성을 본 직원들은 리더를 믿고 더 따르게 됩니다.

세상 어디에도 혼자 일하는 리더는 없을 것입니다. 리더는 투입된 자원의 총합보다 더 큰 것을 만들기도 하고 때로는 새로운 것을 창조하는 사람입니다.

코로나19 팬데믹이 불러온 변화처럼 앞으로 우리들의 일하는 방식도 바뀌어야 합니다. 이런 과정에서 기존의 전통적인 관리자 역량은 급감할 것입니다. 이와 달리 비대면 업무환경에 맞게 부서의 목적을 재설정하고 개개인의 역량을 끌어올려 성과를 만드는 능력이 더 중요해졌습니다.

리더는 기본적으로 결정하는 사람입니다. 실시간 급변하는 경영 환경에서 최악의 리더는 막연히 결정을 미루는 사람입니다. 잘못된 결정보다 결정을 안 하는 것이 더 큰 문제입니다. 특히 리더는 일반 병사가 아니라 지휘관 역할을 해야 합니다. 전투 전체를 봐야 하는 역할 대신 일반 병사와 똑같이 육박전을 벌인다면 희생은 커지고 전투에서도 이길 수 없습니다.

또한 리더는 직원은 물론 숫자를 관리하는 사람입니다. 성격이 활발한 리더가 직원을 다 잘 다루는 것이 아닙니다. 공정함과 원칙을 유지하는 리더에게 사람들은 따르게 됩니다. 회사는 사적 모임 집단이 아니기에 결국 실적과 인센티브가 조직을 움직이는 동인이 되기도 합니다.

경영의 대가 피터 드러커는 "측정할 수 없는 것은 관리할 수 없고 관리할 수 없는 것은 개선할 수 없다고 말했습니다". 리더라면 자신의 조직 성과가 어떤 부분에서 측정되고 관리되는지를 분명히 알고 이를 중장기적인 비전으로 삼아야 합니다.

특히 리더는 봉급쟁이 마인드에 매몰되어서는 안 됩니다. 받는 만큼만 일하겠다는 생각하고 있다면 이미 리더로서 자격이 없습니다. 리더는 경영자이기에 주어진 환경에서 가지고 있는 자원을 활용해 최고의 성과를 내야 합니다. 리더가 경영자 마인드를 가지면 직원들도 자동으로 전문가 집단이 됩니다. 그 이유는 직원들은 조직의 리더를 닮기 때문입니다.

오랫동안 CEO를 했던 분은 새로운 관리자가 오면 "우리나라 전통 놀이인 윷놀이를 비교해 가며 '개나 걸'이 아닌 '모 아니면 도' 할 생각으로 일하라"라고 조언한다고 합니다. 리더들이 '개'나 '걸' 정도에 만족하면서 직책이 주는 혜택을 누리는 것은 옳지 않습니다. 이런 리더들이 많으면 최악의 조직이 될 것입니다.

리더들이 '모'를 하기 위해서는 어떤 태도가 필요할까요? 혁신 연구 전문가 슘페터는 '적응적 대응'과 '창조적 대응'이라는 말로 이를 설명했습니다. '적응적 대응'은 주어진 여건을 받아들인 상태에서 대응하는 것이고, '창조적 대응'은 여건을 극복하는 것입니다. 적응적 대응만 하는 기업은 '개나 걸' 수준의 '정상이윤'으로 만족합니다. 그러나 '초과이윤'을 노리는 혁신가들은 주어진 여건을 바꿔가며 '새로운 조합'을 만들어냅니다.

때로 조직 내에 특정한 업무를 누가 해야 하는지 불분명한 상황이 발생했을 때 탁월한 리더는 그에게 일을 배정해줄 때까지 기다리지 않습니다. 나서서 해당 일을 마무리합니다. 같은 상황에서 보통의 성과를 내는 사람들은 방관자 역할을 하며 다른 사람이 해당 일을 할 거라고 떠넘깁니다.

예상치 못한 난관이 찾아와도 탁월한 리더는 자기 선에서 맡은 일을 끝까지 마무리 지으려 합니다. 반면 보통의 성과를 내는 사람들은 처음에는 해결하려고 나서지만, 문제가 조금만 심각해지면 이를 상사에게 보고하고 빠지려는 경향을 보입니다.

업무를 진행하는 과정에서 새로운 규정이 생기고 새로운 목표가 설정될 수도 있습니다. 이때 탁월한 리더는 목표 변화를 '배움과 성장'의 기회로 삼습니다. 반대로 보통의 성과를 내는 사람들은 목표 변화를 자신의 업무 안정성을 위협하는 리스크로 간주합니다.

리더가 조직원들을 올바른 방향으로 끌고 가지 않는다면 이는 오케스트라 단원들의 실력은 다 출중한데 각자 다른 악보를 연주하는 것과 같습니다. 부서가 불협화음을 내지 않기 위해서는 리더가 직원들에게 목적을 정확하게 알려주는 게 중요합니다.

명확한 부서 미션과 비전을 제시하며, 부서의 존재 이유를 설명하고, 성과 달성 계획을 정기적으로 세워야 합니다.

그런 의미에서 성과 달성의 가장 중요한 요소는 '사람'입니다. 리더는 평소 직원과 신뢰가 쌓여 있어야 합니다. 서로에 대한 신뢰가 없으면 각 직원의 장단점을 파악할 수 없기 때문입니다.

이러한 대화를 통해 리더는 부서의 목적 달성을 위해 누구에게 어떤 업무를 맡길지, 또 개인이 어떻게 최상으로 기량을 발휘할 수 있을지에 대한 피드백을 할 수 있을 것입니다. 이런 일을 소홀히 하지 않는다면 종국에는 성과가 나는 강한 조직으로 발돋움할 수 있을 것입니다.

리더는 제한된 자원으로 성과를 내는 사람입니다. 그런 의미에서 자신이 받는 월급 또한 부서원들의 생산성의 합을 포함한다는 것을 잊지 말아야 할 것입니다.

조직에
'혼'(魂)을 불어 넣어라

어느 조직이든 살짝만 들여다보면 금방 그 회사 분위기, 부서 분위기를 알 수 있습니다. 요즘 유행하는 회사평판을 조회할 수 있는 블라인드 앱을 통해 직원들의 내부 의견을 듣지 않아도 짐작할 수 있습니다.

어떤 조직은 영혼 없이 시키는 일만 하는 곳이 있습니다. 반면 어떤 조직은 직원들 스스로 주인의식과 소명의식을 하고 있으며 눈에는 부리부리한 열정이 타오릅니다.

가장 큰 문제는 그 조직의 리더입니다. 어떤 리더는 옮기는 부서마다 갈등을 일으키고 퇴사자가 빈번하게 발생합니다. 반면 어떤 리더가 가는 곳은 직원들이 따라다니고 싶을 정도로 덕을 겸비한 문제해결력을 갖춘 상사가 있습니다. 어떤 리더는 자신이 옮겨 다닐 때마다 퇴사자가 발생하더라도 자신을 돌아보지 않고 그 직원의 개인 역량의 문제로 치부하기 바쁩니다.

하지만 현명한 리더는 퇴사자가 발생할 빈틈을 주지 않습니다. 조직장악력을 통해 조기에 직원들과 탄탄한 신뢰 관계를 형성합니다. 그 과정에서 개인의 성장과 조직의 성장을 연결하는 교집합을 찾아내 직원들에게 맞춤식으로 '혼'(魂)을 불어넣듯 컨설팅을 해줍니다.

세상이 바뀌어 가고 있습니다. 과거처럼 연봉이나 복리후생으로 그 사람을 동기부여 하기에는 직원들은 너무 많은 것을 알고 있습니다. 손위의 핸드폰으로 몇 분만 검색하면 조직의 장단점과 나의 성장 가능성을 알아냅니다. 그리고 시대가 원하는 현명한 리더상을 원합니다.

여름에 사는 정상적인 일벌 암컷은 수명이 약 6주다.
하지만 겨울을 나야 하는 일벌 암컷은 9개월까지 살 수 있다.
유전적으로 동일한 개체군에 속하는 동물들도
생존에 필수적인 도전에 직면하면 생명이 연장된다는 점을 알 수 있다.
이는 유전자원은 같지만 다른 프로그램이 활성화되어 수명을 적극적으로 조절하고, 주어진 도전에 적응하는 것이 분명하다.

– 잉에 호프만 〈오래 살려면 게으름을 피워라〉 –

신경심리학자 파트리샤 보일 교수는 1,000여 명의 노인을 대상으로 삶의 목표를 연구한 결과, 목적점수가 높은 노인들이 낮은 노인 대비 사망률이 절반에 불과하다는 것을 발견했습니다.

　목표를 갖는 것이 신체기능을 더 좋게 하고 스트레스 호르몬 분비를 더 억제하기 때문입니다. 방사선과 전문의 칼 사이몬튼도 '암 치유율이 높은 환자들은 살아야 할 강력한 이유가 있다는 공통점이 있다'라고 밝혔습니다.

　회사원들도 마찬가지입니다. 직원은 생계가 아닌 삶의 의미, 즉 **'명분'**을 원합니다. 경제적 보상만으로 사람들을 움직이기에는 한계가 있습니다. 그런 의미에서 자신이 이 세상에 존재하는 이유를 **'소명'**(Calling)이라고 합니다.

　직업을 뜻하는 단어 중에 Calling도 포함되어 있습니다. 삶의 대부분 시간을 보내는 나의 일, 즉 직업이야말로 삶을 영위해 가는 이유여야 합니다.

　소명과 유사한 단어로 **'사명'**(Mission)이 있습니다. 조직의 비전과 함께 사명, 즉 존재 이유를 찾지 못하는 조직은 오래가지 못합니다. 그런 점에서 사명은 곧 조직에 '혼'(魂)을 불어넣는 일이라고 볼 수 있습니다. 사명은 직원의 업무 몰입도와 만족도에도 큰 영향을 끼치는 것으로 나타났습니다.

　한 연구 결과에 따르면 사명의식이 있는 직원이 자사를 지인에게 홍보할 가능성은 평균보다 4.7배 이상 높았습니다. 그리고 사업의 개선방안을 제안할 가능성은 평균보다 3.5배, 기업에서 기대하지도 않은 긍정적인 무언가를 주도적으로 행할 가능성도 3배 높았다고 합니다. 위대한 기업은 위대한 사명에서 출발합니다. 그래서 직원들을 설레게 만드는 비전과 함께 미션이 중요한 이유입니다.

경영 전문가들은 조직 내 비전과 미션을 내재화하기 위해서는 리더들이 그에 대해 수백 번 이야기 해야지 직원들이 비로소 그 의미를 알기 시작한다고 합니다. 그만큼 반복적이고 일관성 있게 직원들에게 혼을 불어넣는 작업이 병행되어야 합니다.

그런 의미에서 리더는 오케스트라를 연주하는 '마에스트로' 같은 사람이어야 합니다. 각기 다른 음색을 조화로운 음악으로 만들어 내는 일이 리더가 해야 할 일과 비슷하기 때문입니다.

연주가 시작되면 모든 연주자는 자신의 연주 부분이 시작되기 직전 지휘자를 바라봅니다. 그 짧은 찰나에 수많은 교감이 이뤄집니다.

교향곡이 연주되는 동안 지휘자는 연주자들을 모두 볼 수 없습니다. 그중에서 반드시 챙겨야 하는 호흡, 흐름을 리드 하는 악기, 놓치기 쉬운 부분, 힘을 실어줘야 하는 어려운 파트에 시선을 줍니다.

마에스트로 중에는 때로 눈을 감기도 합니다. 자신을 바라보는 많은 시선, 연주자들의 호흡을 모두 느끼기 위해 눈을 감는다고 합니다. 이는 마치 리더들이 조직을 경영하고 직원들과 소통하듯이 연주자 한명 한명을 모두 아우르는 숭고한 행위일 것입니다.

어떤 순간에는 아슬아슬하게, 어떤 순간에는 경쾌하게, 눈빛으로

서로 대화하고 경쟁하면서 교향곡을 성공적으로 끝내면 연주자들에게는 행복감이 몰려옵니다. 그 행복감은 어려운 프로젝트를 함께 끝낸 직장인의 성취감과 같을 것입니다. 그러한 연주자들을 바라보는 지휘자의 만족감도 함께 올라갈 것입니다. 무엇보다 관객들이 원하는 것은 이런 연주입니다.

훌륭한 리더십도 마치 예술처럼 승화될 수 있습니다. 마에스트로가 연주자 한 명 한 명에게 예술적 영감을 불어 넣듯, **탁월한 리더는 개인과 조직에 '혼'(魂)을 불어넣는 사람이 되어야 할 것입니다.**

3-5

인사(人事)가 만사(萬事)

조직 생활을 하다 보면 많은 부서와 부서장을 만납니다. 가장 중요한 부서와 부서장은 HR(Human Resources)을 담당하는 인사부서입니다. 인사부서는 채용부터 교육, 승진, 평가, 인사 등에 직·간접적으로 관여하기 때문입니다.

그래서 관리자급에서 가장 '덕'(德)과 '지'(知)를 겸비한 사람이 인사부서장이 되어야 합니다. 하지만 때로 그런 능력을 갖추지 않고 사심 가득한 사람이 인사부서장이 되면 그 후유증이 막대해집니다.

일반부서장이야 그 분야에 대해서만 문제가 발생하지만, 사사로이 인사에 개입하여 그릇이 안 되는 리더들이 곳곳에 포진하는 순간 조직 전체가 돌이킬 수 없는 악재에 휩싸이게 됩니다. 조직을 안정적으로 운영해야 할 부서장들이 없던 문제도 만드는 상황이 생기는 것입니다.

 인사부서장은 적재적소에 인재를 배치함으로써 조직 전체가 물 흐르듯이 흐를 수 있는 생태계를 만들어야 합니다. 지원부서와 실행부서에 맞는 인력들을 간파하고 그들이 '끼'를 펼칠 기회를 열어주어야 합니다.

 특히 평범한 직원들도 비범한 성과를 낼 수 있도록 중장기적인 교육, 조직문화 및 인력 운영방안을 수립해야 합니다.

 실무는 잘하지만, 리더로서의 그릇이 안 되는 사람도 있습니다. 미시적으로 일을 볼뿐 거시적으로 볼 수 있는 역량이 부족한 사람입니다. 그런 사람을 리더로 올려놓으면 실무자처럼 일하기 때문에 오히려 성과 달성에 저해가 될 뿐입니다.

 '숲'과 '나무'를 같이 볼 수 있는 통찰력이 리더에게 필요합니다.

 그래서 처음부터 제대로 된 사람을 채용하는 것이 무엇보다 중요합니다.

 우리나라는 노동유연성이 높지 않기에 한번 채용한 사람은 문제가 많아도 강제로 퇴사시키기가 쉽지 않기 때문입니다.

 그런 의미에서 아마존에서는 인력 채용을 할 때 다음과 같은 '세 가지 질문'을 통해 사람을 뽑는다고 합니다.

아마존의 인력 채용시 3가지 질문

1. 이 사람을 존경할 수 있을까?
(Will you admire this person?)

2. 이 사람이 조직의 평균 효율성을 높일 것인가?
(Will this person raise the average level of effectiveness of the group they're entering?)

3. 이 사람은 어떤 면에서 슈퍼스타가 될 수 있을까?
(Along what dimension might this person be a superstar?)

S급 인재는 누가 시키지 않아도 자신이 CEO처럼 자체적으로 어젠다(agenda)를 설정하고 결과를 일구어냅니다. A급은 리더가 화두만 던져주면 스스로 알아서 해냅니다. B급은 코칭만 조금 해주면 시간이 걸리더라도 어느 정도 성과를 냅니다. C급은 아무리 코칭을 해도 성과가 없는 사람, 무엇보다 자세가 나빠서 조직에 악영향을 미칩니다.

좋은 인재를 많이 확보하기 위해서는 중장기적으로 잠재 리더군을 탄탄하게 육성하는 것이 중요합니다. 차세대 리더가 될 사람은 문제해결력이 높고 일을 잘하는 사람입니다. 이길 줄 아는 습관을 지닌 사람이 계속 이기기 때문입니다. 다만 다른 인적·물적자원을 활용할 줄 모르는 사람, 인성이 부족한 사람은 리더가 될 수 없습니다.

또한 리더는 평소 부서 운영방식, 자신의 가치관을 직원들에게 알려주어야 합니다. 자신이 생각하는 평가 룰에 따라 직원들이 실행하게 해야 합니다. 직원들은 리더의 경영방침에 관심이 많습니다. 연말 인사평가 때 직원의 이해수준과 리더의 평가수준에 갭이 발생하는 것을 미리 방지하는 것이 좋습니다.

인사관리(HR)에 실패하고 기업경영에 성공한 사례는 드뭅니다. 그야말로 '**인사(人事)가 만사(萬事)**'인 이유입니다. 특히 전에 없던 사고를 장착한 MZ세대가 직장에 들어와 있습니다.

젊은 직원의 성장 없이는 조직의 발전도 없습니다. 지금은 '같음'이 통하지 않는 시대입니다. MZ세대들은 서로 '다름'을 인정하는 세대이며 조직은 창의적 문제해결을 위해서라도 이들의 생각을 적극적으로 수용해야 합니다.

위계 중심 사회에서는 특정 그룹이 정보를 철저히 독점했습니다. 그게 권력이라고 생각했기 때문입니다. 반면 MZ세대는 정보를 평등하게 공유하길 희망합니다. 그런 의미에서 아직 '나 없이 조직이 안 돌아가'라고 하는 사람을 그동안은 우리는 '에이스'로 우대했습니다. 하지만 선진국에서는 즉시 해고감이라고 합니다. 원활한 일처리를 막는 방해물로 바라보기 때문입니다.

또한 리더들이 수평적 리더십을 발휘할 수 있도록 지속적인 학습이 필요합니다. 조선 시대 최고의 업적을 쌓은 정조는 끊임없이 궁 밖을 나와 백성을 직접 살피고자 했습니다. 여러 차례 암살 위협에 노출되었지만 100회 이상 도성 밖 행차를 통해 일반 백성의 민원을 직접 듣는 기회를 얻었습니다.

신분적 차별 없이 백성이면 누구나 억울한 일을 왕에게 호소할 수 있게 했습니다. 그는 '만천(萬川)에 비친 밝은 달'처럼 모든 백성에게 닿는 왕을 꿈꾸었던 것입니다.

좋은 인재를 적시에 채용해서 육성하는 것도 필요하지만 그 못지않게 문제가 있는 사람을 조기에 발견해서 대응하는 것 또한 매우 중요합니다.

그런 의미에서 경영 전문가인 웨스트 교수는 직장에서 경계해야 할 일곱 가지 '못된 놈' 유형을 강조했습니다.

첫 번째는 강자에겐 약하고 약자에겐 강한 사람(kiss up, kick downers) 입니다.

두 번째는 크레디트 스틸러(credit stealers)입니다. 이들은 처음에는 친구처럼 보일 수 있지만 누군가가 좋은 아이디어를 낸다면 훔치고 자기 생각인 것처럼 거짓말을 합니다.

세 번째는 불도저형(bulldozers)입니다. 업무 경험이 많고 화려한 인맥을 자랑하는 사람들입니다. 의사 결정 과정을 본인이 주도하고 상사를 '힘없는 상사'로 만들어 버립니다.

네 번째는 프리 라이더(free riders)입니다. 아무것도 하지 않고 보상을 받는 사람들입니다.

다섯 번째는 마이크로매니저(micromanagers)입니다. 인내심 없이 업무 관리 명목으로 직원들의 시간을 하염없이 빼앗는 사람입니다.

여섯 번째는 무관심한 상사(neglectful bosses)입니다.

일곱 번째는 가스라이터(gaslighters)입니다. 이들은 조직 내 무고한 '희생양'들을 고립시키고 그들을 착취합니다.

리더가 못된 사람들을 보더라도 그를 제지하지 못하는 또 다른 이유는 똑똑한 못된 놈(smart jerk)은 상사의 약점을 파악하고 이를 이용하기 때문입니다.

이런 못된 놈 중에 가장 경계해야 할 사람은 특히 '소시오패스' 성향을 지닌 직원입니다. 확률적으로 우리 주변에 지인 25명 중 1명은 소시오패스라고 합니다.

전문가들은 "직접적인 범죄와 관련된 소시오패스는 고작 20%에 불과하다"라고 합니다. 나머지 80%는 일상에서 우리와 함께 숨 쉬고 있습니다. 그들은 자신의 파괴본능을 은폐하고, 아주 교묘한 방식으로 우리 삶에 스며듭니다.

전문가들은 옳든 아니든 불도저처럼 밀고 나가는 고압적인 상사, 어떤 동기나 이익도 없이 나를 괴롭히는 동료라면 모두가 소시오패스라고 단언합니다. 반사회적 성향이 있는 이들로부터 오는 해악은 무척이나 큽니다. 마치 전쟁 피해자처럼 소시오패스로부터 당한 심리적 폭행은 깊은 트라우마로 남기 때문입니다.

타인에 대한 배려가 중요했던 과거와 달리 조직과 개인의 성과가 중요해진 현대사회에서는 소시오패스가 '배양'되는 최적의 토양입니다. 이럴수록 리더라면 조직 내 숨어든 소시오패스가 없는지 수시로 점검하고 그들로부터 직원들을 보호해 나가야 할 것입니다.

'심리적 안전감'(Psychological safety)을 부여하라

우리가 좋아하는 간식인 옥수수는 어른 키보다 더 크는 일도 있다고 합니다. 이런 옥수수가 키가 작을 때 매일 30초씩 흔들어주면 어떻게 될까요? "하루에 30초밖에 안 되는데 큰 변화가 있겠어?"라고 생각할 수도 있을 것입니다.

하지만 결론적으로 옥수수가 30~40%나 적게 열린다고 합니다.

이런 사례는 직장생활에서도 비일비재합니다. 옥수수처럼 잘 자라는 직원을 수시로 흔드는 사람이 있습니다.

상사로서 애정 표현이라고 할 수 있지만, 직원 처지에서는 자존감이 떨어지는 억압으로 느낄 수 있습니다.

심리학자 에이브러햄 매슬로가 주창한 '욕구 이론'은 피라미드와 비슷한 구조를 가집니다. 맨 아래에 1단계 '생리적 욕구'가 있고, 2단계에는 '안전 욕구', 3단계에는 '소속과 애정 욕구', 4단계는 '존재 욕구', 5단계에는 '자아실현 욕구'가 있습니다.

회사에서는 주로 3단계 '소속 욕구'를 중시하곤 합니다. 하지만 3단계는 1, 2단계 즉 생존 욕구가 충족되어야 발생하는 욕구입니다. 여기서 1, 2단계가 바로 요즘 말하는 '심리적 안정감'(psychological safety)입니다.

고대 그리스의 알렉산더와 몽골의 칭기즈칸은 세계의 지도를 바꾼 정복자입니다. 그들은 용맹하기도 했지만, 병사들이 전투를 잘할 수 있는 환경을 만들었습니다. 병사의 월급 등 전투 이외의 영역에서 병사들에게 부족함 없이 지원했습니다. 그것이 그들의 생존 욕구(심리적 안정감)를 충족시켰고, 그다음 단계로 싸워야 할 명분도 생겼습니다.

불확실성이 높은 현대사회에서 리더는 조직이 흔들리지 않도록 안정감을 유지해야 합니다.

그런 의미에서 구글에서 1만 개에 달하는 팀 중에서 어떤 팀이 성과를 잘 내는지, 어떤 리더십을 갖춘 리더들이 탁월한 성과를 내는지를 연구를 진행했었습니다.

'산소 프로젝트'로 불리기도 했으며, 그 결과를 요약한 내용은 다음과 같습니다.

구글 매니저의 10가지 행동 지침

1. 좋은 코치가 되어라

2. 직원들에게 권한을 위임하고 지나치게 간섭하지 말라

3. 팀원의 성공과 행복에 관심을 가지며 통합적인 팀 문화를 구축하라

4. 생산적이고 결과 지향적으로 행동하라

5. 좋은 커뮤니케이터가 되고 팀원들의 얘기에 귀를 기울여라

6. 경력개발을 지지하고 성과에 대해 논의하라

7. 팀의 비전과 전략을 명확히 하라

8. 필요시에 직원들을 도울 수 있는 핵심적인 기술을 갖추라

9. 구글 전체로 협업하라

10. 강력한 의사결정자가 되어라

또한 구글은 '산소 프로젝트'에 이어 '아리스토텔레스 프로젝트'로 명명한 4년에 걸친 대규모 프로젝트를 통해 지속해서 탁월한 성과를 창출한 팀의 특성을 찾았습니다. 그 결과 탁월한 팀은 리더가 훌륭한 팀도 아니고, 뛰어난 능력자로 구성된 팀도 아니었습니다. **탁월한 성과를 내는 팀은 구성원 모두가 '심리적 안정감**

(psychological safety)'을 가진 조직이었습니다.

'심리적 안정감'이란 개념은 특히 '모난 돌이 정 맞는다'라는 생각에 하고 싶은 의견을 마음대로 말하지 못하는 우리나라 기업 문화에 많은 시사점을 가져다줍니다.

2002년 월드컵 당시 히딩크 감독은 팀 소통 분위기를 바꾸기 위해 대표팀의 막내 격인 이천수 선수가 최고 선임자인 홍명보 선수에게 "명보야!"라고 부르게 하고 친밀감을 유도했습니다.

상하 위계 조직이 뚜렷한 대표팀 문화에서 나이나 선후배 관계를 떠나 같은 팀원으로서 소통을 극대화하기 위해 '심리적 안정감'을 확보하기 위한 '극약처방'이었던 것입니다.

하버드대 에이미 에드먼슨 교수는 자신의 저서 〈두려움 없는 조직〉에서 **심리적 안정감**을 정의했습니다. '**보복을 두려워하지 않고 어떤 문제를 솔직하게 터놓을 수 있는 조직환경, 위험한 것을 시도할 수 있는 안전한 공간이자 팀원이 공유하는 믿음**'으로 정의했습니다.

성과가 탁월한 팀에는 몇 가지 공통점이 있습니다. 팀원이 거의 비슷한 비율로 발언한다는 것과 사회적 감수성이 평균적으로 높다는 것입니다. 그들은 말투와 표정만을 보고 상대의 기분을 이해하는 능력이 뛰어났습니다.

또한 심리적 안정감은 '실패할 자유'를 의미합니다. 야구 선수가 공이 와서 1루로 던져야 하는데 에러, 즉 실패를 두려워하면 몸이

움츠러들고 결국 게임에서 지게 될 수 있습니다.

에러가 나더라도 동료를 믿고 세게 던져서 잡는 용기가 필요합니다. '실패할 자유', 심리적 안전감을 확보가 중요한 이유입니다. 직원들은 인정과 자율성을 무기로 더 혁신적인 아이디어로 더 큰 성과로 보답할 수 있을 것입니다.

그런 의미에서 리더는 혼자서 독단적으로 결정하면 안 됩니다. 쥐 죽은 듯 조용한 회의장에 고양이 같은 리더가 되지 말아야 합니다. 심리전문가들은 고양이 털 한 가닥에 놀란 쥐들은 털이 없어도 위축 상황을 벗어나지 못하는 경향을 보인다고 합니다.

리더라면 직원들에게 자사의 제품과 서비스가 고객과 사회에 이바지한다는 '진실한 믿음(genuine belief)'을 심어주는 동시에 심리적 지지를 통해 직원들에게 무한한 가능성을 활짝 열어주어야 할 것입니다.

'팀'보다 위대한
'개인'은 없다

"**팀보다 위대한 선수는 없다**(No player is bigger than the Team)."

맨유를 세계 최고의 클럽으로 만든 퍼거슨 감독의 명언입니다. 이 유명한 명언은 스포츠 경기뿐만 아니라 조직 생활 곳곳에서도 적용될 수 있습니다.

어느 크리스마스 다음 날 선수 세 명이 술에 취해 아침 훈련장에 나왔습니다. 이미 많은 선수가 부상 상태였고 세 명을 빼면 팀 전력에 큰 문제가 발생하는 심각한 상황이었습니다.

하지만 퍼거슨 감독은 세 명을 기꺼이 경기에서 제외했습니다. 결국 그날 팀은 경기에서 지고 리그 우승을 맨체스터 시티에 헌납했습니다.

그는 "규율을 포기하는 순간 성공과 영원히 이별하게 되고, 무대는 난장판이 될 것"이라며 "다시 돌아간다고 해도 똑같이 할 것"이라고 강조했습니다.

직장생활을 하다 보면 업무적으로 탁월한 성과를 내는 직원이 있기 마련입니다. 그런 직원은 보통 자신이 '에이스'라는 사실을 알고 있습니다. 그런 직원일수록 겸손하고 성실하게 임하면 더 크게 인정을 받을 수 있습니다. 하지만 안타깝게도 반대로 까칠하게 굴거나 더 나아가 부서장에게 자신의 지분을 요구하듯이 업무분장이나 인사 등 지나치게 개입하는 사람도 있습니다.

여기서 리더의 역량이 뚜렷하게 나타납니다. 그런 직원을 능수능란하게 대해서 전체 팀워크가 손상되지 않게 하면서 다른 직원들과 정보를 흐르게 해서 부서 전체역량을 상향 평준화시키는 리더가 있습니다.

반면 '에이스' 직원에게 휘둘려 부서장의 권한을 지나치게 부여함으로써 전체 조직에 위협이 되기도 합니다. 다른 직원들도 금방 리더와 에이스 직원과의 관계를 알아차리게 되어 득보다 실이 더 커지는 상황이 종종 발생하기도 합니다.

리더라면 '개인'보다 '팀'에 더 집중해야 합니다. 아무리 뛰어난 능력을 갖추더라도 조직에 해를 가한다면 과감하게 직원에게 쓴소리해야 합니다.

가장 위험한 리더는 해야 할 시점에 할 말을 하지 않고 눈치만 보는 리더입니다. 그런 조직은 금방 전염됩니다. 결국 리더의 인력 운영 능력에 의문을 품게 되고, 조직 차원에서 큰 문제를 겪게 될 것이기 때문입니다.

2002년 월드컵에서 4강 신화를 이룬 히딩크 감독도 문제가 많은 스타 플레이어를 경기에서 배제했습니다. 이름 없는 선수라도 체력이 좋거나 가능성이 있는 선수는 발탁했습니다. 당시 최고의 기량을 뽐내던 이동국 선수를 대표팀에서 제외했습니다. 화려한 외모와 함께 사랑받던 안정환 선수에게는 고급 차를 몰고 다닌다고 노골적으로 외면했습니다. 축구선수가 아니라 연예인이냐고 독설도 했습니다. 반면에 무명의 박지성 선수를 발굴했습니다. 체력이 뛰어난 그를 발탁해 최고의 스타로 만들었습니다.

편안한 외모였지만 경기장에서 그의 호령은 가을날 서리 같았습니다.

"골을 넣지 못하는 선수는 책망하지 않지만, 공이 빗나갈까 두려워 슈팅조차 시도하지 않는 선수에겐 책임을 묻겠다."

또한 히딩크 감독은 팀워크를 다지기 위해 당시 우상 같은 존재였던 홍명보 선수를 대표팀에서 한동안 내보냈습니다. 그리고 어느 정도 시간이 흐른 뒤 팀워크가 구축되었다는 생각이 들자 다시 홍명보 선수를 불러들였습니다. 한 명의 영웅적 존재에 팀이 좌우되는 일은 없어야 한다고 생각했기 때문입니다.

월드컵 본선을 앞두고 평가전에서 좋지 않은 성적을 거두자 축구팬과 언론이 비난을 퍼부었습니다.

하지만 그는 본선 경기에서 진짜 실력을 보여주겠다고 호언장담했습니다. 선수들에겐 체력의 중요성과 함께 정신력을 강조했습니다.

"정신력이란 이를 악물고 쓰러질 때까지 뛰는 과도한 투지를 말하는 것이 아니다. 내가 말하는 정신력이란 자신이 가진 기량과 체력을 90분 동안 효과적으로 분산해 소모하는 능력을 말한다."

리더는 보통 팀을 만들거나, 혹은 내 의지와 상관없이 만들어진 팀을 끌고 가야 합니다. 그런 의미에서 엄격함과 따뜻함을 동시에 가져야 합니다. 엄격함을 통해 최소한의 질서 유지를, 따뜻함을 통해 직원들의 자율성을 배려해야 합니다. 이것이 전통적으로 위대한 리더들의 공통점입니다.

리더에게 부서원들과 첫 대면 후 일주일이 1년을 좌우합니다. 그 짧은 시간에 자신의 이미지를 직원들에게 각인시켜야 합니다. 날카롭지만 간결한 업무 지시, 디테일한 조직원 파악, 부서의 중장기 방향성을 제시해야 합니다.

직원들은 상대가 '나를 잘 알고 있다'라는 생각이 들 때 비로소 그 사람을 따르게 됩니다.

그런 의미에서 미국 프로야구 뉴욕 양키스는 경기복에 선수 이름을 넣지 않는 전통을 100년 넘게 지켜오고 있습니다. 개인보다 팀을 중시한다는 의미입니다.

"만약 당신이 유명 선수를 코치할 수 없다면 당신은 아무도 코치할 수 없다."

직장 내 코칭 전문가 존 휘트모어는 코치란 '직원들의 성과를 극대화하기 위해 잠재력을 꺼내주는 것'이라고 정의했습니다.

좋은 팀을 조기에 세팅하는 능력이 리더가 가장 먼저 갖추어야 할 역량일 것입니다.

사내 정치에
슬기롭게 대처하다

연차가 쌓여 리더가 되고 보는 시야가 넓어질수록 내 의지와 상관없이 사내 정치를 많이 경험하게 됩니다. 정치에 올인을 하는 사람들을 보면 한편으로는 사내 우군들이 많아 부럽기도 하고, 한편으로는 아슬아슬한 칼날 위를 걷는 것 같아 위험해 보일 때도 있습니다.

사내 정치는 어느 조직에나 존재하는 고유한 문화입니다. 하지만 보통 특정 라인의 권력은 오래가지 못합니다. 자녀의 교육비 등 지출이 확 늘어나는 리더들은 중립적인 처신과 진짜 실력으로 사내 정치의 정글 속에서 살기 위한 나만의 생존 전략을 가져야 합니다.

보통 사내 정치를 '내가 하면 로맨스, 남이 하면 불륜'이라고 여깁니다. 내가 하면 대인관계가 좋은 것이고 남이 하면 아부하는 것입니다. 최근 취업 관련 기관이 직장인 대상 사내 정치에 대해 설문 조사한 결과에 따르면 줄서기 등 사내 정치가 있다고 응답한 비율이 96%로 대부분 조직에서 있는 것으로 나왔습니다.

사내 정치의 주된 유형으로는 업무 및 의사 결정의 주도권 다툼(34%)이 가장 많았고, 승진과 자리 쟁탈전(31%), 같은 편 밀어주기와 상대편 배제(14%), 어느 한쪽에 줄서기(11%) 등의 답변이 뒤를 이었습니다.

사내 정치의 주체가 되는 라인은 주로 개인적 유대 관계(53%), 부서(19%), 학연(15%), 지연(7%), 혈연(2%) 순으로 나왔습니다. 또한 사내 정치의 근원지로는 인사부서(29%)가 1위를 차지했고 이어 영업부서(13%), 기획부서(11%), 경영부서(9%), 재무/회계부서(7%), 최고 매출부서(2%) 등의 순으로 나타났습니다.

사내 정치에 대해서는 부정적인 시각이 많았습니다. 사내 정치에 대한 의향을 묻는 말에 도움이 안 된다고 생각하는 의견이 80% 이상 나왔기 때문입니다. 회사 내에서 가장 소중한 자원인 직원들이 상당한 시간을 비생산적이고, 소모적이고, 낭비적인 사내 정치를 생각하며 스트레스를 받는 것입니다. 고객을 생각하고, 회사 미래에 대한 비전과 가치를 그려야 할 시간이 그만큼 줄어들어 비효율적인 상황이 반복되고 있는 것입니다.

네 명만 모이면 둘씩 짝이 되어 정치를 하는 것이 인간의 본성이라는 말이 있습니다. 조직이 어느 정도 규모가 있으면 자연스레 정치와 파벌이 생기게 마련입니다. 미국의 민주당과 공화당이 번갈아 가며 정권을 잡는 것처럼 내외부적인 환경 변화로 사내 정치에서도 힘의 균형추는 좌우로 이동하게 됩니다.

같은 피로 묶인 가족 간에도 정치 논리가 존재합니다. 나이 드신 부모님을 봉양하기 위한 생활비 분담 문제로, 부모님의 유산 문제로 종류도 다양합니다.

인간은 사회적 동물입니다. 그 무리 안에는 반드시 약육강식의 정치 논리가 존재합니다. 사내 정치 없는 삶을 살고 싶다는 꿈은 그래서 실현 불가능할 수 있습니다.

그렇다면 사내 정치꾼들과 불가근불가원(不可近不可遠)의 자세가 필요합니다. 너무 무시해서도 안 되지만 지나치게 가까이할 필요도 없습니다.

이를 위해 평소 직장 내 여러 부서와 긴밀한 관계를 쌓아 놓는 것이 중요합니다. 하루하루 피가 마르게 돌아가는 전쟁터에서 언제 업무 협조문을 써서 협조를 구하고 공식적인 부서장 회의에서 여유 있게 요청할 수는 없습니다.

평상시에 조금 손해 보는 자세로 사람들과 신뢰를 쌓고, 우군을 점차 만들어가야 합니다. 그런 관계가 많아지면 카톡 한 번으로 도움을 얻고 맥주 한 잔으로도 신뢰를 얻을 수 있을 것입니다.

특히 점심을 적극적으로 활용하는 것이 좋습니다. 과거에는 술

자리와 흡연을 같이하면서 고급 정보를 얻었습니다. 하지만 요즘은 흡연 인구도 줄었고 젊은 직원들은 술 자체를 좋아하지 않기 때문에 분위기 좋은 곳에서 점심으로 네트워크를 형성하곤 합니다.

서로 일과 담소를 통해 어느 정도 신뢰가 생기면 나는 '이익을 주는 사람'으로 인식될 수 있습니다. 질 낮은 술수와 차원이 다른 나만의 건강한 사내 정치를 하면 되는 것입니다.

특히 다른 사람을 험담하는 무리와는 거리를 두는 것이 좋습니다. 내가 동의하지 않더라도 그 사람들과 어울렸다는 것만으로 오해를 받기 때문입니다.

또한 되도록 회사에서 적을 만들지 않는 것이 좋습니다. 승진 등 결정적 순간에 누군가가 뒷다리를 잡으면 낭패가 되기 쉽습니다. 칭찬은 공개적으로 하되 부정적인 이야기는 되도록 개인적으로 하는 것이 좋습니다.

사내 정치가 횡행할 때는 특정 라인에 속하지 말고 세련되게 줄타기를 하거나, 어떤 집단에도 속하지 않는 독립부대로 남는 것이 장기적으로 현명한 판단일 것입니다.

사내 정치는 아니더라도 회사 돌아가는 판을 보는 '촉'을 가지고 있어야 합니다. 직장에서 성공하려면 회사 내 하부조직의 일을 파악하는 '기상학'과 저 위층 임원급에서 일어나는 '천문학'에 모두 정통해야 한다는 우스갯소리도 있습니다.

또한 '부하는 장악해야 하고, 상사는 공략해야 한다'라는 말이 있습니다. 젊은 직원들은 인정욕이 강합니다. 동기부여를 통해 성장할 수 있도록 끌어주고 상사에게는 숨기는 게 없는 부하라는 인식을 심어주어야 합니다.

'상사는 식당 앞에 있는 큰 개와 같다'라는 말이 있습니다. 식당 앞에 큰 개가 있으면 아무리 유명한 식당이라도 손님이 들어가지 않을 것입니다. 내 직속 상사는 식당 앞의 개 역할을 하고 있기에 상사에게 먼저 신뢰를 받아야 중장기적으로 나의 평판도 좋아집니다. 그렇지 않다면 다음 문을 열 수 없습니다.

사내 정치의 답은 단 하나입니다. **다른 사람이 대체할 수 없는 나만의 전문성을 쌓는 것**입니다. 제대로 된 실력을 갖추면 험난한 사내 정치 복마전에서 나를 지키는 방패가 될 수 있습니다.

조직은 결국 실력 있는 사람에 의해 돌아가기 때문입니다. 사내 정치란 결국 경쟁력이 없는 사람들이 자신의 밑바닥이 노출되는 것을 막기 위해 의존하는 필살기이기 때문입니다.

문제해결력을 가진 진짜 실력을 갖추고 있다면 사내 정치에 휩쓸릴 시간을 좀 더 생산적으로 사용할 수 있기 때문입니다.

이런 시간이 누적될수록 저 사람은 누구나 따르고 진중하고 중도를 걷는 사람이라는 인식이 강할 때 비로소 사내 정치로부터 나를 구제할 수 있을 것입니다.

平天下

세상에
선한 영향력을
전파하다

낮은 곳에 서다,
'Under_stand'

타인의 마음을 이해하는 방법, 상대의 마음을 여는 방법

타인의 마음을 이해하는 일에는 요령이 있다.

누구를 대하든 자신이 아랫사람이 되는 것이다.

그러면 저절로 자세가 겸손해지고 이로써 상대에게 좋은 인상을 안겨준다.

그리고 상대는 마음을 연다.

– 괴테 –

'이해한다'를 뜻하는 영어 단어, 'under+stand'는 아래에서 서서 올려보는 것을 뜻합니다. 아랫사람을 무시하는 것이 아니라 배려할 때 다른 사람으로부터 존경을 받게 되는 이치입니다.

짐 콜린스는 〈좋은 기업을 넘어 위대한 기업으로〉에서 위대한 리더의 필수요소로 '겸손'을 꼽았습니다 **"훌륭한 리더는 회사가 성공했을 때 거울이 아니라 창문 밖을 내다보며 다른 사람들과 외부 요인들, 행운에 찬사를 돌린다. 그래야 오래 간다."**라고 강조했습니다.

조선 시대 36명이 살아서 제주도에 정착했던 네덜란드 하멜 일행도 리더십 관점에서 다시 들여다볼 필요가 있습니다. 하멜은 원래 리더가 아니었습니다. 배가 난파되면서 선장이 숨졌기 때문에 갑자기 리더 역할을 맡게 되었습니다.

하멜은 그 흔한 '카리스마형 리더'도 아니었습니다. 남을 지배하지 않고 동료 의견을 경청하는 수평 리더십을 펼쳤습니다. 조선이라는 낯선 땅에서 재산을 같이 모으고 공평하게 나누면서 동료들의 신뢰를 얻었습니다.

그가 전라도 강진에 살 때 몇 년째 극심한 흉년으로 먹을 것이 모자랄 때도 고통을 함께 나누었습니다. 하멜 표류기는 "외출에서 얻어 온 것들을 모두 공평하게 나눠 가졌다."라고 기록되어 있습니다.

사람이란 자고로 즐거운 일보다 힘든 시간을 함께 나눈 사람에게 더 친근함을 느끼게 됩니다. '공감'(sympathy)이란 단어의 어원도 '함께 고통을 겪는다'라는 그리스어 'soun pathein'에서 왔다고 합니다.

미로와 같은 일상과 극도의 고난 속에서도 하멜 일행은 리더를 신뢰하고 똘똘 뭉쳤습니다. 드디어 13년 28일 만에 극적으로 탈출한 뒤에도 하멜은 조선에 있는 동료들이 모두 풀려날 때까지 기다린 후 마지막으로 배에 탈 정도로 책임감이 강했습니다. 이렇듯 리더십은 말이 아니라 행동으로 보여주는 사람입니다.

스스로를 자랑하는 자는 공이 없고,
스스로를 칭찬하는 자는 오래가지 못한다.
이는 모두 발끝으로 오래 서 있으려는 것과 같다.

– 노자 –

본인이 입으로 하는 자랑은 효과가 반감합니다. 진짜 금은 도금할 필요가 없기 때문입니다. 나보다 상대를 칭찬하는데 익숙한 사람이 오히려 존경을 받게 됩니다. 사람들은 공(功)을 아래위로 돌릴 줄 아는 사람과 함께 일하기를 좋아하기 때문입니다.

스탠퍼드대 총장을 지낸 존 헤네시는 그의 저서『Leading Matters』에서 리더가 갖춰야 할 열 가지 덕목 중 가장 먼저 '겸손함'(humility)을 꼽았습니다. "지도자는 고개를 숙일 때마다 성장한다"라는 게 그의 지론이었습니다.

18세기 정치사상가 장 자크 루소는 "이끄는 법을 배우려면 먼저 따르는 법을 배워야 한다"라며 일찍이 팔로워십의 중요성을 역설했습니다. 팔로워 입장에 직접 서봐야 리더가 됐을 때도 일방통행을 하지 않기 때문입니다.

팔로워십을 통해 겸손이 바탕이 된 섬기는 리더십을 체득해야 진정 모두에게 인정받는 지도자가 될 수 있습니다. 역설적으로 지금은 역사상 가장 리더십이 부족한 시기라고 합니다. 리더에 대한 신뢰가 사상 최저 수준으로 나타났습니다. 2022 에델만 신뢰도지수(2022 Edelman Trust Barometer)에 따르면 52%만이 비즈니스 리더를 신뢰한다고 답했습니다. 신뢰가 없는 리더십은 '모래 위의 성'과도 같습니다.

리더십은 실시간으로 진화합니다. 세상이 변하면 리더도 이에 맞춰 변해야 합니다. 권위를 통한 리더십은 더 이상 효과를 발휘할 수 없습니다. 그 대신 진정성과 겸손이 더 효과적인 리더십 도구가 될 것입니다.

겸손한 리더는 자신에 대해 균형 잡힌 시각을 갖고, 때로는 다른 사람에게 도움을 요청하며, 동료의 기여를 인정합니다. 또한 자신이 모든 것을 알지 못한다는 점을 잘 압니다. 리더가 성공하는 것은 직원 모두의 성장을 지원하고 활용하기 때문입니다.

리더가 겸손을 보이고 성공에 대한 모든 공로를 자신에게 돌리지 않을 때 동료들은 업무와 조직에 더 헌신하게 됩니다.

궁수는 화살이 빗나가면 자기를 돌아본다.

자신을 돌아보고 자기 안에서 문제를 찾는다.

화살을 명중시키지 못한 것은 결코 과녁의 탓이 아니다.

제대로 맞히고 싶으면 실력을 쌓아야 한다.

– 길버트 알랜드 –

리더란 자고로 '궁수'와 같은 마음을 가져야 합니다. 실패가 발생했더라도 외부에 돌리는 것이 아니라 자기 스스로 돌아보고 이를 통해 더 성장하는 마음가짐을 가져야 할 것입니다.

세상을 바꿀 가슴 뛰는 '비전'을 품게하라

조직이 궁극적으로 지향하는 목표나 가치관으로 '비전'(vision)이라는 단어를 흔히 사용합니다. 원래 '비전'은 시력이나 시야를 의미합니다. 눈으로 어떤 형태를 본다는 것은 조직이 나아가야 할 방향과 이상적인 모습까지를 포함합니다.

그러므로 비전은 미래지향적이면서 희망을 담아내야 합니다. 조직이 유지되는 한 변하지 않는 목적이 미션이라면, 비전은 오랜 기간 유지되지만, 정기적으로 변할 수도 있습니다.

나폴레옹은 '지도자란 희망을 파는 상인이다'라고 했습니다. 이때의 희망이 바로 비전과 같은 것입니다. 비전을 제대로 수립하기 위해서는 리더는 내부와 외부 환경을 입체적으로 잘 관찰해야 합니다.

스위스의 정신과 의사이자 심리학자 칼 융은 "밖을 내다보는 사람은 꿈을 꾸고, 안을 들여다보는 사람은 깨어 있다"라고 했습니다. 내부의 목소리를 못 듣거나 조직의 위기를 포착하는 눈이 없으면 정상적인 조직으로 운영하기 어렵습니다.

리더라면 컨디션이 안 좋은 직원들을 알아채고 동기부여를 수시로 해 주어야 합니다. 직원은 세심하게 기억해주고 배려하는 리더를 따릅니다. 상사와 무한신뢰 관계를 형성한다면 성과는 자연스럽게 따라올 것입니다.

그런 의미에서 타조는 지상에서 가장 크고 빨리 달립니다. 하지만 날지 못하고 전방의 일정 거리만 볼 수 있습니다. 낭떠러지처럼 위험요소가 있는지 모르고 앞만 보고 달리는 우를 범할 수 있습니다. 반면 하늘을 나는 독수리는 땅에서 일어나는 다양한 현상을 폭넓게 볼 수 있습니다.

독수리의 삶이 바로 비전을 제시하는 리더의 삶입니다. 리더는 일반 사람이 보는 것보다 더 미리 보고, 더 많이 보고, 더 멀리 보아야 합니다.

비전은 기업의 나침반과 같은 역할을 합니다. 사막에서 길을 잃더라도 북극성을 찾는다면 목적지에 무사히 도착할 수 있습니다. 비전은 직원들이 일상에서 겪는 다양한 문제에 대해 가치 판단의 기준이 되어야 합니다.

리더는 단기적인 성과와 장기적인 성장을 함께 바라보아야 합니다. 때로는 생산적인 '멍때리기'도 필요합니다. 조직의 운명을 책임지는 사람으로서 '생각의 깊은 침잠'을 통해 미래를 그리는 시간을 정기적으로 가져야 합니다.

날카로운 아이디어는 주로 현업에서 한발 물러나 있을 때 생깁니다. 그런 의미에서 링컨 대통령은 **"장작을 패는 데 쓸 수 있는 시간이 여덟 시간이라면 나는 그중 여섯 시간은 도끼날을 날카롭게 세우는 데 쓸 것이다"**라고 말했습니다.

빌 게이츠가 매년 2주일씩 현업에서 벗어나 홀로 조용히 '생각하는 주간'(thinking weeks)을 갖는 것도 이런 이유일 것입니다.

특히 '한 사람의 꿈은 꿈으로 끝나지만, 만인의 꿈은 현실이 될 수 있습니다.' 리더는 비전을 만드는 것 못지않게 직원들이 머리가 아니라 가슴으로 비전을 받아들이게 노력해야 합니다.

어린 왕자의 저자 생텍쥐페리는 "만일 당신이 배를 만들고 싶다면 사람들을 불러 모아 목재를 가져오게 하고 일을 지시하고 일감을 나눠주는 등의 일을 하지 마라. 대신 그들에게 저 넓고 끝없는 바다에 대한 동경심을 키워주어라."라고 말했습니다.

존 케네디 미국 대통령이 플로리다주 케이프커내버럴 우주센터를 방문했을 때 만난 정비공에게 무슨 일하느냐고 물었습니다. 정비공은 "저는 미지의 세계인 달에 인간을 보내는 일을 합니다."라고 대답했습니다. 자신의 비전을 어떻게 인식하고 있는지 잘 보여 주는 부분입니다. 모든 사람은 자기 일에서 의미를 찾길 원하기 때문입니다.

한편 하늘을 나는 기러기를 보면 리더의 역할을 이해할 수 있습니다. 월동을 위해 히말라야를 넘어가는 기러기들은 삼각 편대를 이뤄 장거리 이동을 합니다.

대장 기러기는 삼각편대의 맨 앞에서 위험 요소를 관찰하는 '위험관리자', 따뜻한 남쪽 나라를 찾는 '내비게이터', 날갯짓으로 부력을 만들어 뒤에 있는 기러기들의 힘이 덜 들게 하는 '촉진자' 역할을 합니다.

괴짜 CEO 테슬라의 설립자 일론 머스크는 화성으로의 이주를 꿈꾸고 있습니다. 블룸버그는 '인간을 죽음으로 내모는 위험한 도전'이라며 비판한 바 있습니다. 하지만 이 도전이 어떻게 끝날지는 아무도 모릅니다.

'세상은 모범생이 아니라 모험생이 바꿉니다.' 라이트 형제의 역사적인 최초 비행엔 오직 동네 사람 5명만이 참관했습니다. 그들은 주변의 비판에도 아랑곳하지 않았습니다.

신대륙 탐험을 계획했던 콜럼버스는 유럽의 여러 나라에 지원을 요청했지만 모두 거절당했습니다. 하지만 포기하지 않고 끝내 에스파냐 왕실을 찾아가 이사벨 여왕의 마음을 사로잡는 데 성공합니다.

그녀에게 장황한 설명이 아니라 진귀한 물건과 금은보화를 가득 싣고 돌아오는 배가 그려진 한 장의 그림을 보여주었습니다. 신대륙의 발견은 그 어떤 말보다 명확하게 비전을 제시하고 마음과 마음이 연결된 공감을 이뤄냈기에 가능했습니다.

뜻(志)

이 세상을 떠날 때 갖고 갈 수 있는 것은
물건이나 돈이 아닌 감동이라는 추억뿐이다.
그리고 죽은 후에도 다음 세대에 남는 것은
자신이 품었던 '뜻(志)'이다.

— 히라노 히데노리의 〈감동 예찬〉 중에서 —

사람이 누구나 저마다의 '뜻'을 품고 태어납니다. '세상을 바꾸는 일'은 리더 혼자 할 수 없습니다. 모든 구성원들이 손을 맞잡고 뜻을 모아 꿈과 비전을 실현해 나갈 수 있도록 '마중물'이 되는 것이 리더의 가장 중요한 역할일 것입니다.

'티칭'(Teaching)이 아니라 '코칭'(Coaching)의 시대

    직장생활을 하다 보면 연말 인사 시즌에 집중적으로 평가 관련 면담을 통해 상사의 피드백을 듣게 됩니다. 하지만 많은 직장인은 평가에 불만을 많이 호소합니다. 본인이 생각하는 성과와 상사가 평가하는 성과와 갭이 발생하기 때문입니다.

    이런 경우 전적으로 리더에게 문제가 있습니다. 일단 평소 상시 피드백이 이루어지지 않은 경우가 많습니다. 또한 직원이 보기에는 상사가 개인에 대한 주관적 편견이 있거나 상사의 역량 자체에 의문을 품기도 합니다.

    상사가 평소 독서 등 자기 계발을 하지 않거나 최신 흐름에 정보가 미진한 사람이라고 평가하면 평가 자체에 불만을 가질 수밖에 없습니다. 그래서 리더는 평소 직원들이 신뢰할 만한 평가 역량과

학습 능력을 보유하고 있어야 합니다.

  그렇지 않으면 대학교 졸업 후에 업데이트되지 않은 올드한 정보로 직원과 사업을 바라보는 우를 범합니다. 상사가 자신보다 지식이 부족하다고 생각하는 순간 어떤 피드백도 공감할 수 없게 됩니다. 그래서 리더라면 조직의 평가 체계와 최신 인재상에 대해 사전 학습을 통해 효과적인 상시 피드백을 할 줄 알아야 합니다.

  그런 의미에서 한국능률협회와 블라인드가 실시한 '가장 선호하는 리더십 유형'에 따르면, '코치형 리더십(32%)'인 것으로 나타났습니다. '공감형 리더십(29%)'과 '보상형 리더십(23%)'이 그 뒤를 이었습니다.

  2020년 기업평가 결과 구글 코리아가 상사 관계 만족도 1위를 차지했습니다. 당시 구글 코리아 담당자는 인터뷰에서 다음과 같이 말했습니다.

  "상사 관계 만족도 비결은 리더가 주는 활발한 피드백이다. 구글에서는 'Feedback is a gift'라고 이야기한다. 구글 직원들은 피드백이 상대방을 위한 것이라고 느낀다."

  "피드백하는 유일한 목표는 그 사람이 일을 잘하게 도와주기 위함이다. 비판이 아닌 계발을 위한 것이다. 이를 리더도 후배도 인정하고 있다."

점점 사회가 복잡다양해질수록 단순한 티칭이 아니라 **'직원에게 맞는 1:1 맞춤식 코칭'**이 필요한 시대가 되었습니다. 그렇다면 직원들은 상사에 대해 어떤 기대치를 하고 있을까요?

먼저 무언가 배울 게 있고 상사와의 대화가 유익하다는 느낌을 원합니다. 이것은 '리더'에서 '코치'로의 전환을 의미합니다. 일방적 지시와 통제하는 리더에서 성장을 도와주는 코치가 되면 리더 자신은 물론 직원과 조직도 함께 성장할 수 있습니다.

실리콘밸리에서 기업의 성공에 결정적인 이바지한 위대한 코치로 '빌 캠벨'이 있습니다. 그가 손대는 기업은 시가총액 1조 달러를 돌파해 '1조 달러 코치'라고도 불렸습니다. 구글의 전 회장 에릭 슈밋은 "그가 없었다면 애플도 구글도 지금의 모습이 되지 못했을 것"이라고 회고했습니다. 그렇다면 어떻게 하면 캠벨 같은 좋은 코치가 될 수 있을까요?

첫째, 인간 존중입니다.

리더십의 핵심은 인간 존중입니다. 회사의 직원이 아닌 인격체로 대해야 합니다. 빌은 모든 사람을 존중했고, 그들의 이름을 외웠으며, 먼저 따뜻한 인사를 건넸습니다. 때로는 동료의 가족들에게도 관심을 기울였습니다.

둘째, 이타심입니다.

그는 진심으로 타인을 돕기 위해 노력했습니다. 빌은 항상 '직원의 안녕과 성공'을 원한다고 말했습니다.

업무뿐 아니라 직원의 일상에도 관심을 가졌습니다. 스몰토크로 대화를 시작했고, 회의는 주말에 있었던 일을 화두로 시작했습니다.

셋째, 팀워크를 앞세웠습니다.

기업은 개인이 아닌 팀으로 일하는 곳입니다. 팀의 승리를 위해서 공통된 목표 아래 하나된 공동체를 만들어나갈 수 있어야 합니다.

대표적인 코칭 기법으로 'GROW'라는 방식이 있습니다.

먼저 질문과 경청을 통해 리더와 직원 간에 신뢰 관계를 형성합니다.

GROW 코칭기법

"그 신뢰를 바탕으로 목표(Goal)를 설정하고,

온전히 현실(Reality) 파악을 하게 돕습니다.

그리고 대안(Option)을 창출하게 하고,

그 일을 잘 실천할 수 있는 의지(Will)를 확인하기의 프로세스를 가집니다."

바야흐로 현대사회는 리더의 능력은 곧 '**코칭 능력**'을 의미합니다. 지시하고 통제하는 대신에 코칭을 통해 직원을 자기 주도적으로 만들어야 합니다.

코칭의 핵심은 '**의식(awareness)과 책임**'입니다. 질문을 통해 의식을 갖게 하고 스스로 답을 찾아내도록 돕고 그에 마땅한 책임을 갖게 하는 것입니다.

일방적인 지시를 받은 직원은 머리를 사용하지 않고 손발만 사용하게 됩니다. 그런 직원은 의식도 개발되지 않고 책임감도 부족해집니다.

코칭은 다릅니다. 스스로 생각하고 결정하고 책임지게 합니다. 이를 위해서는 상대를 인정하고 격려하고 칭찬하는 마음 자세가 필요합니다.

다음은 '**경청**'입니다. 리더는 '듣는 사람'입니다. 리더는 듣기 위해 월급의 60%를 받는다는 이야기가 있습니다. 잘들어야 상대를 제대로 알 수 있기 때문입니다.

또한 코칭하기 위해서는 '**팀원에 대한 정확한 정보**'를 가져야 합니다. **정보를 얻는 방법**은 **관찰**과 **질문**입니다. 특히 관찰은 사람이나 사물을 세심하게 살펴보는 것으로부터 시작합니다.

어느 날 어린 여자아이가 자신에게 매일 맛있는 음식을 해주는 것을 좋아하셨던 할머니가 더는 요리를 해주지 않자 어느 순간부터 할

머니를 관찰하였습니다. 할머니는 힘이 약해져 냉장고의 문을 열기 힘들어졌기 때문입니다.

아이는 그제야 알았습니다. 할머니가 요리해주지 않는 것은 자신을 사랑하지 않은 것이 아니라 냉장고의 문을 열기 어려웠을 뿐이라는 것을 말입니다.

아이는 그런 관찰을 통해 훗날 세계적인 디자이너가 되어 나이 든 사람도 문을 쉽게 열 수 있는 냉장고를 고안했습니다.

바로 유니버셜디자인의 개척자 패트리샤 무어의 이야기입니다.

그런 의미에서 **관찰**은 그 대상에 관한 **관심**이고 **사랑**입니다. 리더라면 직원을 있는 그대로 애정 어린 마음으로 바라보고, 성장을 도와주는 코칭 능력을 키워 나가야 할 것입니다.

리마커블한 스토리를 통해
브랜딩하라

요즘 사람들이 모이는 곳이 오프라인이든 온라인이든 '2가지 요소'를 가지고 있어야 한다고 합니다. '재미'가 있거나 '돈'이 되거나…. 그런 의미에서 우리는 온·오프라인에서 재미있는 스토리를 매일 매일 찾아다닙니다.

개인영역에서도 드라마, 유튜브, 넷플릭스 등 OTT 서비스에서 '왕좌의 게임' 시리즈 등 '미국 드라마'를 찾아본다든지 재미있는 콘텐츠를 골라봅니다. 특히 물건을 고를 때에도 자신이 좋아하는 브랜드를 선호합니다. 그 이유는 해당 브랜드를 좋아하다 보면 자신과 동일화 현상을 겪기 때문입니다.

회사도 마찬가지입니다. 최고의 상품과 서비스는 기본이고, 거기에 사람들에게 호소할 수 있는 놀랄만한 '리마커블(remarkable)한 스토리'를 입혀야 하는 시대가 되었습니다. ESG 시대에 들어서면서 공정하고 착한 기업에 대한 소비자의 기호도 높아졌습니다.

과거처럼 대량주문 대량생산이 아니라 소량주문 소량생산, 더 나아가 소비자의 다양한 요구를 실시간 맞춰야 하는 까다로운 세상이 된 것입니다.

학교에서 남학생들은 스포츠 브랜드 나이키를, 여학생들은 애플 아이폰 등을 통해 자기들만의 유대 관계를 형성한다고 합니다.

'커피가 아니라 문화를 판다'고 선언한 스타벅스의 다양한 계절별 한정상품은 직장인들의 마음을 흔들고 있습니다. 내가 소비하는 로고와 브랜드가 나를 말해주는 시대가 심화되고 있습니다.

"직장인들이 점심을 먹고 식당에서 나와 고개를 들면 스타벅스 로고가 보이게 하라."

스타벅스 CEO 하워드 슐츠의 말이다. 슐츠의 전략은 현재까지는 성공한 것처럼 보입니다. 전 세계 직장인들은 유럽 전설에 나오는 요정 '세이렌'이 그려진 스타벅스 녹색 로고에 이끌려 앞다퉈 매장에 들어섭니다. 배가 지나갈 때마다 선원들을 유혹해 물에 빠지게 했다는 그 '세이렌'의 마법이 아직도 통하는 듯합니다.

인간은 기본적으로 '스토리'를 사랑합니다. 기업에서 스토리를 가장 적극적으로 활용하는 분야가 바로 세일즈, 광고, 마케팅 영역일 것입니다. 이처럼 상품과 서비스에 매력적인 스토리를 부여하는 것은 물건에 영혼을 부여하는 것과 같습니다.

샤넬 향수 'No.5'가 처음 나왔을 때는 그리 유명하지 않았습니다. 단지 옷과 핸드백을 보조하는 상품에 불과했습니다.

하지만 평소 샤넬 향수를 즐겨 쓰던 메릴린 먼로가 '밤에 무얼 입고 자나요?'란 질문에 '샤넬 No.5'라고 말하자 바로 전설이 되었습니다.

메릴린 먼로는 벌거벗고 자는 자신의 습관을 에둘러 표현했지만, 당대 최고의 섹시 아이콘이었던 메릴린 먼로와 결합해 강력한 스토리가 된 것입니다.

그런 의미에서 에릭 클랩턴의 노래 'Tears in Heaven'은 기교 없이 담담하게 부르는 그의 창법과 서정적 멜로디로 전 세계적으로 큰 사랑을 받았습니다.

하지만 이 노래가 지어진 배경은 따로 있습니다. 사고로 죽은 어린 아들을 생각하며 지은 노래이기 때문입니다. 슬럼프에 빠져 가족에게 소홀했던 클랩턴, 하지만 아들은 그를 무척 따르며 좋아했다고 합니다.

어느 날 아들은 아빠를 기다리고 있었고, 어른들이 잠시 자리를 비운 사이 아파트에서 추락해 세상을 떠났습니다. 아들에 대한 그리움과 미안함, 애틋함을 표현하고자 아버지는 노래를 통해 용서를 빌고 사랑을 전했습니다.

무심코 듣던 노래에 뮤지션의 슬픈 이야기가 녹아 있다는 걸 알게 된 순간, 이 노래는 단순한 히트곡을 넘어서게 됩니다. 이것이 **스토리의 힘, 공감의 힘**입니다.

스토리의 가장 큰 힘은 공감입니다. 우리가 삼류라고 부르는 드라마에 쉽게 공감이 가지 않습니다.

출생의 비밀을 간직한 주인공, 주변 사람들은 시한부 병과 기억상실증에 걸립니다. 알고 보니 사돈지간 이거나 주인공을 일방적으로 괴롭히는 악인과 자신을 구해주는 백마 탄 왕자도 등장합니다. 일상생활에서는 쉽게 벌어지지 않는 기이한 인연들입니다.

우리는 이런 스토리를 '막장'이라고도 부릅니다. 현실과 동떨어져 공감되지 않기 때문입니다. 스토리의 완성도는 결국 공감의 문제입니다.

브랜드는 현대의 마법입니다. 우리는 일상에서 무수히 많은 브랜드를 만납니다. 세상은 지금 브랜드의 전쟁터입니다.

더 나아가 고객과 정서적 관계를 맺어야 경쟁 우위에 설 수 있는 관계 가치의 시대입니다. 또한 고객이 브랜드와 맺는 경험은 그 흔한 감가상각이 없습니다. 오히려 시간이 갈수록 관계 가치를 돈독하게 쌓아 올릴 다양한 가능성이 있습니다.

경험은 그 자체로 멋진 스토리텔링이 됩니다. 놀랄만한 고객 경험을 바탕으로 디지털 혁명 시대를 선도하는 콘텐츠를 만들어야 합니다. 그런 의미에서 현명한 리더라면 제품과 서비스에 리마커블한 스토리를 입혀 브랜딩하고, 고객과의 관계를 지속해 나갈 이야기들을 끊임없이 찾아 나서야 할 것입니다.

리더는
책임지는 사람이다

직장생활을 하다 보면 젊은 직원들이 싫어하는 상사 유형으로 자세한 설명도 없이 '일단 해보라'고 하면서 결과물을 가져가면 다시 해오라고 역정을 내는 상사라고 합니다. 이런 일이 무한 반복될수록 직원들의 자존감은 바닥을 치게 됩니다.

리더는 업무를 내릴 때 자신의 경험을 녹여서 되도록 직원들이 쉽게 이해하고 정확히 맥락을 간파하도록 설명해 주어야 합니다.

하지만 젊은 직원 사이에 가장 피하고 싶은 상사는 책임지지 않는 상사라고 합니다. 고생은 고생대로 했는데 정작 문제가 생기면 책임지지 않고 실무자의 잘못으로 몰아가게 되면 다시는 그 상사와 같이 일하고 싶지 않을 것입니다.

리더는 최대한 빠른 의사 결정을 하되 그것에 대한 무한 책임을 지는 사람입니다.

"업무란
실행은 '실무자'가 하되
판단은 '같이'하고
책임은 '선배'가 지는 것입니다."

현명한 리더란 업무의 본질과 자신의 기대치를 있는 그대로 전달해 주어야 합니다. 후배에게 일을 지시할 때 어떤 노력과 고민을 하지 않는 무능한 상사들은 받은 일을 고스란히 후배들에게 던져 버립니다.

이렇게 아래로 전달만 하는 행위를 자체 소화 없이 그냥 먹은 것을 쏟아내는 것과 같아서 '설사'라고 나쁘게 표현하기도 합니다.

리더가 다른 사람의 정보만 전달해 주고 권한만 누리며 메신저 역할만 한다면 존재의 의미가 없습니다. 업무 실무자가 방향을 모르고 속도만 내는 악순환이 발생하게 되고, 업무 성과도 바닥을 치게 될 것이 뻔하기 때문입니다.

"업무 지시는 하위 단계로 내려갈수록 구체화 되어야 한다.
하위 단계로 내려갈수록 사람들은 더 경험이 적어지고
더 많은 지식이 필요하기 때문이다."

일은 실행하는 것도 중요하지만 시키는 것이 훨씬 더 중하고 난이도가 높습니다. 후배가 만약 업무에 적응을 못 한다면 그가 무능해서가 아니라 상사의 무능 때문입니다.

책임 관련 오래된 일화가 있습니다.

에덴동산을 나온 아담과 이브는 형제를 낳습니다. 형 카인은 농부가 되고, 동생 아벨은 목동이 되어 신께 감사의 수확물을 바칩니다. 농부 카인은 농작물을, 양치기 아벨은 첫 새끼와 그 기름을 올렸습니다. 하지만 신은 아벨의 제물만 받고 카인의 제물은 받지 않았습니다. 부당하다고 생각한 카인은 흥분한 나머지 질투심에 눈이 멀어 동생을 죽이고 말았습니다.

집에 돌아온 카인에게 신이 물었다.
"Where is your brother, Abel?"(네 동생 아벨이 어디에 있느냐?)
그러자 카인은 유명한 대답으로 신에게 반문한다.
"I don't know. Am I my brother's keeper?"(저는 모릅니다. 제가 동생을 지키는 자입니까?)

- 창세기 4장 9절 -

몇천 년 후 미국의 한 신인 정치인이 카인이 던졌던 질문 "제가 동생을 지키는 자입니까?"에 대답을 하게 됩니다. 2004년 민주당 전당대회에 찬조 연설자로 나선 '버락 오바마'입니다. 그는 무명이었지만 이 데뷔 연설 하나로 많은 미국인에게 감동과 희망을 주었습니다.

결국 사람들의 마음을 움직일 수 있었고 상원의원이 된 후 4년 후 대통령이 되었습니다.

그를 대통령으로 만든 계기가 된 그 연설은 다음과 같습니다.

"만약 시카고 남부에 글을 읽지 못하는 아이가 있다면,
제 아이는 아니지만, 그것은 저의 문제입니다.

만약 돈이 없어 약값과 집세 중 하나를 선택해야만 하는 노인이 있다면,
제 조부모는 아니지만, 그것은 제 삶마저 가난하게 만듭니다.

만약 아랍계 미국인 가족이 변호사나 법적 도움을 받지 못한 채 체포된다면, 그것은 저의 시민권과 자유를 위협하는 일입니다.

저는 제 동생을 지키는 자입니다(I am my brother's keeper).
저는 제 여동생을 지키는 자입니다(I am my syster's keeper).

이 근본적 믿음이 바로 이 나라를 지키는 원리이고,

각자의 꿈을 추구하면서도 우리를 미국이라는 하나의 가족으로
뭉칠 수 있게 해주는 것입니다."

– 버락 오바마 –

자신의 이익만 생각하는 사람은 리더가 될 수 없습니다. 또 소외
당하는 사람을 외면하는 사람은 리더의 자격이 없습니다. 다른 사
람의 아픔을 안타까워하는 공감 능력과 그들의 문제를 해결하는
능력을 갖춘 사람만이 진짜 리더입니다.

그런 의미에서 해리 트루먼 전 미국 대통령의 집무실에는 'The
buck stops here!'란 말이 쓰인 패가 항상 놓여 있었습니다. '책임
은 여기서 멈춘다', '책임은 내가 진다'라는 뜻입니다.

보통 책임을 전가할 때 '벅'(Buck)이라는 단어가 쓰이곤 합니다.
책임을 남에게 떠넘기는 걸 'pass the buck'이라 합니다. 포커판의
딜러가 그 역할을 다음 사람에게 넘겨줄 때 하는 말이었는데, 나중
에 '책임을 떠넘긴다'라는 의미가 되었습니다.

실제로 트루먼 대통령은 결정을 망설이는 사람들에게 그 패를
가리키며 "모든 책임은 내가 질 테니, 자신을 가지고 추진하라"라
고 격려했습니다.

'일이 잘되면 창문을 보고 일이 잘못되면 거울을 보라'는 말이

있습니다.

성과가 나면 창문 밖의 직원들을 바라보고, 일이 잘못되면 거울을 통해 자신의 부족한 점을 돌아본다는 의미입니다.

좋은 상사는 엄하지만 명확한 지침을 주고 그 결과에 책임을 집니다. 반면 평소 사람만 좋을 뿐 가이드라인이 불분명하고 문제가 발생하면 책임을 회피하는 상사는 리더의 자격이 안 됩니다.

특히 책임을 회피하려는 작금의 세태를 논하기 전에 근본적인 원인을 알아야 합니다. 특히 현장 직원이나 실무자가 자신감을 가지고 업무를 수행할 수 있도록 지원해야 합니다. 또한 '일을 하다 접시를 깨뜨린 사람은 보호하겠다'라는 성숙한 조직문화도 갖추어야 합니다.

그런 의미에서 리더라면 우리가 지나가다 마주치는 직원들에게 '밥 한번 먹자'라는 말도 신중하게 접근해야 합니다. 빈말이 반복된다면 리더에 대한 신뢰를 잃게 됩니다.

'리더는 마지막에 먹는다'의 저자 사이먼 사이넥이 강조한 것처럼 **리더십의 궁극적인 목표는 '수치'를 책임지는 것이 아니라 '사람'을 책임지는 것이기 때문입니다.**

최고의 유산
'조직문화'

　현재 회사는 보이지 않는 신구갈등이 심각한 상황으로 치닫고 있습니다. MZ세대의 등장으로 기존 세대와의 소통 문제가 화두가 되었기 때문입니다. 이런 문제는 조직문화로 풀 수 있습니다. 최근에 '느슨한 연대(Weak Ties)'가 뜨고 있습니다.

　조직 내 점점 강해지는 개인주의화와 조직의 파편화에 대한 시대적 흐름에 맞추기 위해서입니다. '느슨한 연대' 사회에서는 스마트 하게 일하고 업무 후에 자신만의 개인 취미에 몰입하려는 젊은 직원들이 늘고 있기 때문입니다.

> 좋은 인간관계(Intimacy)
>
> 자율성(Autonomy)
>
> 의미와 목적(Meaning & Purpose)
>
> 재미있는 일(Interesting Job)

요즘 직원들은 옆에 좋은 사람들이 있는지, 자율적인 삶을 살고 있는지, 삶의 의미를 발견했는지, 그리고 재미있는 일을 하고 있는지가 좋은 직장의 기준이 되고 있습니다. 그런 의미에서 상호 도움이 되는 합리적인 조직문화를 조성해야 합니다.

"경영자는 시간을 알려주는 사람이 아니라 시계를 만드는 사람이다. 한 번만 시간을 알려주는 사람보다는 그가 죽은 후에도 계속 시간을 가르쳐줄 수 있는 시계를 만드는 사람이 훨씬 가치 있는 일을 하는 사람이다.

뛰어난 아이디어를 가졌거나 카리스마적인 지도자가 되는 것은 '시간을 알려주는 것'이고, 한 개인의 일생이나 제품의 라이프 사이클을 뛰어넘어 오랫동안 번창할 수 있는 기업을 만드는 것은 '시계를 만드는 것'이다."

〈성공하는 기업들의 8가지 습관〉이라는 책에서 짐 콜린스는 리더는 시간을 알려주는 사람이 아니라 시계를 만드는 사람이라고 정의했습니다.

리더가 일일이 업무를 지시하는 것은 시간을 알려주는 행위입니다. 사람들은 리더가 현장에 없을 때는 시계를 볼 수 없게 됩니다. 결국 리더가 없어지는 순간 그 조직은 소멸의 길을 걷게 됩니다.

건강한 조직은 '실패'라는 유산을 잘 계승합니다. 토머스 에디슨은 전구를 발명하기까지 수천 번의 실패를 했지만 스스로 실패라 생각하지 않았습니다. 안되는 방법을 또 하나 찾았다는 마인드로 성공으로 가는 과정으로 여겼습니다.

한때 온 국민의 사랑을 받았던 프로그램인 개그콘서트를 담당했던 PD는 눈치 보지 않고 원하는 일을 하는 것이 프로그램이 인기를 얻은 비결이라고 말했습니다.

그는 "처음에 개그맨들이 'PD 말을 들어야 밥을 먹고 살 수 있다'라는 불안감 때문에 리허설 내내 내가 웃는지 아닌지만 쳐다보더라"라며 "결국 재미없고 죽은 개그만 남았다"고 그 당시 상황을 회고했습니다.

"실패해도 안 자르겠다. 하고 싶은 걸 가져오라고 했더니 그제야 다양한 개그가 나왔다"며 밥줄에 얽매이지 말고 원하는 걸 고집스럽게 밀어 부치라는 근성이 중요하다고 말했습니다.

다양한 재능을 마음껏 펼칠 수 있게 권장하는 조직문화가 기업의 최고의 유산입니다. 특히 조직문화는 특정 담당 부서의 일이 아닙니다. 조직문화는 리더의 의사결정 방식에서 시작되기 때문입니다.

CEO가 회사 문화에 영향을 준다면 팀은 팀장의 영향력이 담긴 문화입니다. 각 조직은 그 조직 리더의 언행에서 고유한 조직문화가 생성됩니다.

그런 의미에서 과거 국내 기업들은 ○○ Way, ○○ DNA, ○○ 리더십 모델 등으로 회사의 가치나 가고자 하는 조직문화를 정의했습니다. 그 결과 1970~1980년대에는 대부분의 회사 사훈에 '근면'과 '성실'이 많았습니다. 1990년대와 2000년대는 '도전'과 '글로벌'이 이슈였습니다. 최근에는 '창의'나 '행복'이 키워드가 되었습니다.

최근에는 상사에게 '위험하다' 말 할 수 있는 열린 조직문화도 중요해졌습니다. 1997년 228명의 사망자를 낸 대한항공 괌 추락사고가 있었습니다. 말콤 글래드웰은 그의 세계적 베스트셀러인 '아웃라이어'에서 추락의 원인을 조종실 내 권위주의 문화에서 찾았습니다.

기장의 지나친 권위 때문에 부기장이 급박한 상황에서 의견을 전달하지 못해 제대로 대처하지 못했다는 해석입니다. 글래드웰은 저서에서 "비바람이 부는 악천후에도 기장이 착륙을 강행했지만, 부기장이 '노(No)'라고 말하지 못해 대형 참사로 이어졌다"라고 말했습니다.

조직문화는 조직 구성원들이 자신의 업무 수행과 관련해 인지하고 있는 환경의 속성들입니다. 건강한 조직을 위해 권장되어야 할 조직문화의 특성은 다음과 같은 것들이 있습니다.

건강한 조직문화의 특징

자신의 생각대로 자유롭게 일을 할 수 있는가? (유연함)

높은 수준의 성과 창출을 위해 긴장하면서 일을 해야 하는가? (긴장감)

열심히 일한 것에 대한 대가를 충분히 주는가? (신뢰감)

조직 구성원 모두가 추구해야 할 공동의 목적과 구성원 각자가 수행해야 할 역할이 명확하게 인식되고 있는가? (명확성)

조직 구성원들은 개인보다 조직의 이익을 더 중요하게 생각하고 구성원들 간에 동질감을 느끼고 있는가? (일체감)

조직문화 컨설팅 전문기관 헤이그룹(HayGroup)의 연구 결과 좋은 조직문화를 가지고 있는 조직은 그렇지 않은 조직에 비해 30% 이상의 매출 차이를 보인다고 했습니다. 특히 이익의 경우는 매출보다 더 큰 70%의 차이를 보이는 무시무시한 결과를 보인다고 합니다.

미국 저명 경영지 하버드 비즈니스리뷰는 수년간 '꿈의 직장'에 대해 연구해 그 결과 6가지 공통요소를 도출했습니다.

꿈의 직장

개개인의 다른 점이 육성되고,

정보가 누락되지 않으며,

직원들의 노동력을 착취하기보다는 직원들에게 가치를 더해주며,

특별한 목표를 위해 운영되고,

일한 만큼 보상받을 수 있으며,

'멍청한' 원칙이 없는 회사였습니다.

과거에는 직원 개개인이 회사의 조직문화에 맞추며 하나가 된 행동으로 나가는 것이 중요했습니다. 하지만 현대사회는 개인들의 개성이 부각되고, 이런 끼를 발현할 수 있는 기업 문화가 더 선호되고 있습니다.

전통적인 '톱다운'식 기업 문화는 산업화 시대에 만들어졌습니다. 하지만 지금은 빠르게 혁신하는 것이 지상 과제가 되었습니다. 그리고 이런 혁신을 위해서 성숙한 조직문화가 수반되어야 합니다. 과거처럼 가정을 포기한 채 자신의 영혼을 갈아 넣어야 하는 '가족 같은 회사'가 아니라 올림픽에 참가하는 다양한 종목의 '스포츠 팀'으로 직원들을 간주해야 합니다.

오늘도 상사는 못 느끼는 사이 조직문화에 불만을 품은 수많은 직원이 사직서를 마음속에 품고 있습니다. 리더들은 워라밸이 경영 화두가 된 '느슨한 연대(Weak Ties)' 시대를 맞이하여 출근길이 설레는 유연하면서도 독창적인 조직문화를 만들어나가야 할 것입니다.

다른 사람을 꿈꾸게 만들고
그 꿈을 이룰 수 있도록 돕는 사람

오랫동안 산전수전(山戰水戰), 희노애락(喜怒哀樂)을 경험한 노인분들을 '살아있는 도서관'이라고 표현했듯이 조직의 리더는 오랜 노하우를 가지고 있는 '작은 도서관'과 같습니다. 무형문화재 전수자가 자신의 노하우를 계승자에게 전수하듯이 리더란 자고로 인력 양성에 욕심을 내야 합니다.

손오공이 분신술을 쓰듯 직장 선배로서 자신의 인생 경험을 다른 사람에게 기꺼이 나눠주는 어른이 되어야 합니다. 초연결사회에서는 어제의 지식이 오늘은 지식이 아닐 수 있습니다. 그러므로 지식에 대한 독점의식을 버리고 다른 사람들에게 선한 영향력을 전수하는 기재로 사용해야 합니다.

직장생활을 하다 보면 자신의 후배들을 '잠재적 경쟁자'로 생각해서 제대로 업무를 가르쳐주지 않고 더 나아가 뒷다리를 잡는 일도 있습니다. 그런 사람은 리더가 되면 안 됩니다.

그런 마인드를 가지고 있다면 개인영역을 넘어 장기적으로 조직문화를 크게 훼손할 수 있기 때문입니다. 무엇보다 후배들은 그런 사실을 어느 순간 알게 됩니다. 이는 길게 봐서는 결국 자신에게 손해로 다가옵니다.

리더는 '다른 사람을 꿈꾸게 만들고 그 꿈을 이룰 수 있도록 돕는 사람'입니다.

이를 위해서 다른 사람을 꿈꾸게 만들려면 그 사람을 알아야 합니다. 관찰과 경청을 통해 그 사람이 가장 잘하는 달란트를 찾아내어 코치하고 그 꿈까지 이룰 수 있도록 전사적 지원을 아끼지 않는 사람이 진짜 리더입니다.

다른 사람을 최고로 만드는 사람이 최고의 리더다.
리더는 다른 사람을 최우선시함으로써 맨 앞에 설 자격을 얻는다.
다른 사람을 자극하는 것이 리더의 주된 임무이다.
다른 사람들이 최고가 되지 않고서는 리더 역시 최고가 될 수 없다.

- 켄 제닝스 & 존슈탈 베르트 -

다른 사람이 더 잘 되는 것을 즐기는 사람이 좋은 리더입니다.

더 좋은 리더는 다른 사람을 행복하게 만들고, 그것에 더 큰 의미를 두는 사람입니다. 그러면 저절로 따르는 사람들이 많아지겠지만 그럴수록 더 겸손해지는 리더가 참 리더입니다.

자신의 재능을 기꺼이 내어주고 조직이 더 큰 시장으로 나아갈 때 그 '낙수효과'를 통해 많은 일자리가 창출되고, 고객에게도 더 좋은 상품과 서비스로 보답할 수 있게 됩니다.

리더란 베풀어 주는 넉넉한 마음을 가지고 있어야 합니다. 그런 의미에서 직원을 리더로 키워주는 상사가 많은 조직이 발전할 수밖에 없습니다. 그런 의미에서 진정한 리더는 직원의 성공이 자신의 성공임을 아는 사람입니다.

GM의 전 회장 랠프 코디너는

"훌륭한 리더는 최소 3년 이내에 자기보다 세 배의 성과를 높일 수 있는 사람을 세 명 이상 육성해야 할 책임이 있다.
상사의 업적은 부하들의 능력을 통해 달성된다."

라고 인재 양성의 중요성을 강조했습니다.

우리는 이처럼 평범한 직원을 리더로 양성하는 리더를 '슈퍼 리더'라고 부릅니다. 리더 중의 리더인 셈입니다. 이를 위해 조직 차원에서도 모두가 리더가 되는 문화와 인재 양성 시스템을 정착시켜 나가야 할 것입니다.

프랑스 대입 시험 바칼로레아에서 다음과 같은 질문이 나왔습니다.

한 명이 천명을 이끌 수 있는 방법이 있다면 그게 무엇일까?

정답은 '**리더십**'입니다. 리더십은 사람을 리드하는 능력이며, 어떤 조직이라도 리더들 그릇의 총합만큼만 성장하기 때문입니다.

자기 자리를 지키기 위해 미래의 위협이 될만한 인재의 싹을 자르는 못된 상사가 우리 주변에 많이 있습니다. 어느 경영 전문가가 컨설팅하면서 그룹 임원들의 재임 연수를 분석했다고 합니다.

분석 결과 임원 3년 차 이상의 구간부터 큰 절벽이 있고, 10년 차 이상에 갑자기 소수의 임원이 나타나는 양상을 보였다고 합니다. 결국 임원 경력 10년 이상의 고위경영자들이 잠재적인 경쟁자의 싹을 자른 것으로 분석했습니다.

이는 일반적인 리더들이 잠재적 리더 그룹인 중간 관리자들을 음해하거나 기회를 아예 주지 않으려는 성향과도 같은 맥락일 것입니다.

리더는 부서원들과 경쟁을 해서는 안 됩니다. 리더가 승진하고 더 높은 직책을 맡으면서 자신의 자리를 후배 직원에게 물려주는 것이 가장 이상적인 모습이기 때문입니다.

'호랑이는 죽어 가죽을 남기고 사람은 죽어 이름을 남긴다'라는 말이 있습니다.

조선 시대 최고 거상이었던 임상옥은 **"장사란 이익을 남기기보다**

사람을 남기기 위한 것이다. 사람이야말로 장사로 얻을 수 있는 최대의 자산이며, 사람은 가치를 창조하는 무형자산이자 인적자산이다"라는 말을 했습니다. 18세기를 살았던 그는 이미 인재의 중요성을 이해하고 있었던 것입니다.

> 한 손은 나를 위해 다른 한 손은 남을 돕는데 사용하라.
> 기억하라. 만약 도움을 주는 손이 필요하다면
> 너의 팔 끝에 있는 손을 이용하면 된다.
> 네가 더 나이가 들면 왜 손이 두 개인지 깨닫게 될 것이다.
> 한 손은 너 자신을 돕는 손이고
> 다른 한 손은 다른 사람을 돕는 손이다.

— 오드리 헵번(죽기 1년 전 아들에게 쓴 편지 중) —

자신이 절망의 구렁텅이에서 살아날 수 있었던 것이 주변 사람들의 사랑이었음을 깨달은 오드리 헵번은 말년에 다른 사람을 위하는 일에 여생을 바칩니다. '로마의 휴일' 영화에서 나오는 젊은 시절 화려한 미모보다 말년에 봉사활동에 참여하는 오드리 헵번의 모습에 많은 사람이 더 큰 울림과 아름다움을 느꼈을 것입니다.

'**언제나 자신이 대접받고 싶은 대로 대접하라**'라는 말처럼 모든 사람은 소중한 존재로 인정받기를 원합니다.

그런 의미에서 '오징어 게임'에 나오는 '깐부' 대사가 더욱 공감을 불러일으킵니다.

코로나19의 장기화 등 위기의 시대에 건강한 공동체 정신이 어느 때 보다 필요합니다. 리더라면 **"네 거 내 거가 따로 없는"** 사회 **선배로서, 위기를 함께 극복하는 동반자로서 '깐부'** 정신을 잊지 말아야 할 것입니다.

'고객 중심' 사고를
목숨처럼 여긴다

가전제품을 한 번도 사본 적 없는 어머니가

나에게 하이얼 제품을 사라고 하시기에 그 이유를 물었다.

어머니 말씀이 '그 회사는 집에 에어컨을 설치하러 오면

천 조각으로 바닥을 깨끗하게 닦아주고 간다'라고 했다.

그 천 조각이 닦는 것은 바닥도 가전제품도 아니다.

바로 고객의 마음이다.

– 마윈 알리바바 회장, 〈마윈처럼 생각하라〉에서 –

'고객 행복의 총합이 회사의 총 매출이 된다'라는 말이 있습니다.
회사가 지속해서 성장하기 위해서는 매출 증대에 집착하기보다 고

객의 마음을 어떻게 사로잡을 것인가에 집중해야 합니다. 고객은 '우리가 존재해야 하는 이유'이기 때문입니다.

직장생활을 하는 과정에 가장 중요한 것을 꼽으라면 단연코 '고객 중심 사고'라고 생각합니다. 그 이유는 고객이 우리들의 매출이자, 순익이자, 가족을 먹여 살리는 월급을 주는 '귀인'(貴人)이기 때문입니다.

하지만 리더로서 각종 숫자나 보고서와 씨름하다 보면 가장 근본이 되는 고객과 어느 순간 소원해지기 쉽습니다. 하지만 그런 감정이 드는 순간이 가장 위험합니다. 기본이 중요하듯 우리의 제품과 서비스를 사용하는 고객에 대한 감을 잃는 시간이 길어질수록 위기도 더 크게 다가오기 때문입니다.

조직의 큰 방향을 정하는 리더라면 더욱더 '고객 중심 사고'를 강조해야 합니다. 직원들과 비전을 수립하거나 사업계획을 수립할 때도, 주간 회의를 할 때도, 개인 면담을 할 때도 항상 우선순위는 고객이 중심에 있어야 합니다. 물론 그전에 더 중요한 것은 '내부고객'입니다. '내부고객'이 만족하면 그 향기가 전파되어 '외부고객'에게도 긍정적 영향을 미치게 됩니다.

물론 가장 중요한 것은 당연히 '나' 자신일 것입니다. 내가 행복하지 않다면 직원들과의 관계도 업무 개선도 되지 않기 때문입니다. 직원들이 행복하지 않으면 고객도 행복까지 갈 수 없습니다. 그래서 우리 일상에서 고객 중심 사고를 다져야 하는 이유입니다.

고객 중심 사고를 통해 잘 나가는 기업들이 있습니다. 그런 기업은 직원들도 고객 중심 사고가 내재화되어 있습니다. 최초 경영목표를 수립할 때 고객의 니즈 분석부터 시작합니다. 지금 우리 고객들이 무엇을 원하는지 끊임없이 연구하고 성장하는 조직문화를 가지고 있습니다.

기업의 성공은 고객에게 달려 있습니다. 그런 의미에서 최근 들어 '고객 경험'을 중시하고 회사의 목표와 가치로 삼는 곳이 많아지고 있습니다. 지속적인 수익 창출을 위해서는 기존 고객을 유지하는 것이 무엇보다 중요합니다. 새로운 고객을 얻는 비용이 기존 고객을 유지하는 것보다 약 6배 이상 많이 든다고 합니다. 설문조사에 따르면 24%의 답변자가 단 한 번의 부정적 경험에 브랜드를 바꿀 의향이 있다고 말했습니다.

관련 연구에 따르면 고객 중심적인 기업들이 일반 기업보다 약 60% 이상의 수익을 더 일으킨다고 합니다. 또한 6점 만점에 6점을 준 고객들이 5점을 준 고객들보다 추가 상품 구매할 확률이 6배 높았다고 합니다. 이것이 우리가 고객을 무서워해야 하는 이유입니다.

최근 들어 고객이 중요하게 생각하는 가치들이 변하고 있습니다. 물질적인 소유보다 여행 같은 '경험적 가치'를 더 중요하게 여깁니다. 누가 더 고객을 점유하고(Customer Share), 더 많은 고객의 시간을 점유하며(Time Share), 더 많은 고객의 지갑을 점유(Wallet Share)

하는지가 기업 성공의 핵심 열쇠가 되었습니다.

이를 위해 기업들이 새롭게 도입해야 할 경영방법론이 CXM (Customer Experience Management)입니다.

CXM(Customer Experience Management)

'CXM'이란 고객 경험을 기반으로 상품과 서비스를 개발하고 마케팅·영업·서비스 등 전체 프로세스 혁신하는 방법입니다.

고객이 기업과 만나는 '여정 단계별'(Customer Journey) 고객 경험 분석을 통해 고객 요구에 맞게 조직을 재구조화해야 합니다. 또한 고객 생애 단계별(Life Journey) 가치를 끊임없이 제공해야 합니다. CXM은 디지털 대전환을 위해 업종을 불문하고 가장 먼저 도입해야 할 우선순위가 되었습니다.

특히 최근에는 'ESG'(Environmental, Social and Governance) 경영이 화두가 되고 있습니다. 모든 경영에 친환경, 사회적 책임, 지배구조 개선 등 투명경영을 통해 지속 가능한 발전을 할 수 있다는 경영 철학입니다.

이는 경영진이 경영 효율성에 기반을 두고 일방적으로 의사 결정을 하는 구조가 아닙니다. 사회적 책무를 다하는 고객 중심 경영이 조직문화로 정착되어야 합니다.

그런 의미에서 고객 중심 경영을 선도하는 기업으로 직장인들의 '만인의 연인'이 되어버린 스타벅스에는 없는 것이 하나 있습니다. 그건 바로 '진동벨'입니다. 스타벅스에선 종업원이 수시로 "아메리카노 주문하신 분"을 외치며 찾습니다. 특히 점심시간에는 매대 앞에서 직장인들이 자신의 커피를 픽업하기 위해 장사진을 이룹니다.

많은 고객이 불편을 호소하지만, 스타벅스 측은 "고객과 눈을 맞추고 대화하기 위한 노력"이라고 설명했습니다. 진동벨을 사용하면 손님과 대화할 기회가 없어진다는 이유입니다. 또한 그것이 스타벅스의 기업 철학입니다.

커피 한 잔에도 서비스 정신을 담고, 단순히 커피 파는 곳의 한계를 넘어 고객의 일상을 풍요롭게 하는 경험을 제공하는 게 스타벅스의 문화이기 때문입니다. 더 좋은 제품과 서비스를 위해 한동안 전 세계적으로 스타벅스 매장을 닫을 정도로 스타벅스의 고객 중심 경영은 유난하다고 생각될 만큼 철저합니다.

이렇듯 모든 의사 결정의 중심에 고객이 있어야 합니다. 그런 의미에서 우리는 코로나19로 인해 무관중 스포츠 경기를 경험한 바 있습니다. 응원단도 없고, 팬들의 응원도, 댄스 타임도 사라졌습니다.

무관중 경기 후 인터뷰에서 프로스포츠 감독들은 "경기력의 저하를 몸소 느꼈다며 관객이 얼마나 소중한 존재인가를 통감했다"

라고 한목소리로 말했습니다.

프로스포츠의 꽃은 '팬'입니다. 선수들은 팬의 지지와 응원에 힘입어 멋진 퍼포먼스를 선보입니다. 수억 원의 연봉을 받는 스타들이 즐비한 스포츠라도 관객이 없으면 그 존재 의미가 없습니다.

코로나19의 깊은 터널을 통과하는 요즘 스포츠 경기장에서 자신이 좋아하는 선수를 목놓아 응원하는 일상의 행복을 보게 됩니다.

그런 의미에서 리더라면 고객이 우리에게 어떤 존재와 의미를 주는지 다시 한번 곰곰이 생각해보아야 할 것입니다.

修身

배움을 통해
몸과 마음을
다시 닦다

리더는 태어나는 것이 아니라 만들어진다

프로 운동선수와 직장인의 차이

프로 운동선수들은 자기 시간 중 20%를 시합에

80%를 훈련에 투자한다.

한 조사에 의하면 대부분의 직장인들은

자기 시간의 99%를 일에, 1%를 자기 계발에 투자한다.

운동선수로 치자면 거의 연습도 하지 않고,

시합에 임하는 것과 마찬가지다.

－ 혼다 나오유키, 〈레버리지 씽킹〉에서 －

시합에 이기려면 스포츠 선수들은 평소 연습을 많이 해야 합니다. 하루도 연습을 게을리하면 본 경기에서 표시가 나기 때문입니다. 독서 등 자기 계발을 하지 않는 리더는 연습 없이 시합에 나가는 선수와 다를 바 없습니다.

경영사상가 톰 피터스는 "비즈니스맨이 훈련에 게으른 것은 망신스러운 일이다. 하지만 더 중요한 것은 조만간 남에게 따라 잡힌다는 사실이다."라고 경고했습니다.

우리의 삶은 모두가 '공부'입니다. 결혼 후 배우자를 이해하게 되고 자식을 키우며 부모의 마음을 알게 됩니다. 병에 걸리고 나서야 건강의 중요함을 느낍니다. 리더로 살아간다는 것도 공부가 필요합니다. 그리고 고될면 고될수록 더 큰 공부로 내면화가 됩니다.

남북전쟁에서 그랜트 장군과 함께 협력하여 남군을 항복시킨 셔먼 장군은 리더십을 이렇게 말했습니다.

"날 때부터 딱 장군감의 재목으로 태어나는 사람들이 있다는 얘기를 읽은 적이 있다. 하지만 나는 한 명도 보지 못했다.
학습을 통해 리더십 자질을 기를 수 있다는 것은 의심의 여지가 없다."

– 셔먼 장군 –

천부적으로 타고난 자질도 중요하지만 리더십을 스스로 공부하고 실천하는 노력이 더 중요합니다. 이를 통해 누구나 훌륭한 리더가 될 수 있습니다.

역사적으로도 어려운 여건에도 포기하지 않고 리더의 반열에 오른 사람이 많습니다. 천재 물리학자 아인슈타인과 최고의 발명왕 토머스 에디슨 등도 어려서는 학교 수업을 따라가지 못해 학습 부진아로 힘든 나날을 보냈습니다. 마틴 루터킹 목사는 학교에 다녔지만 15세 때까지 글을 제대로 쓰지 못했습니다.

"나는 어릴 때 가난 속에서 자랐기 때문에 온갖 고생을 참으며 살았다. 겨울이 되어도 팔이 노출되는 헌 옷을 입었고 발가락이 나오는 헌 구두를 신었다. 그러나 소년 시절의 고생은 용기와 희망과 근면을 배우는 하늘의 은총이라 생각하지 않으면 안 된다. 영웅과 위인은 모두 가난 속에 태어났다. 성실 근면하며 자기 일에 최선을 다한다는 정신만 있으면 가난한 집 아이들도 반드시 큰 꿈을 이룰 수 있다. 헛되이 빈고(貧苦)를 슬퍼 말고 역경을 맞아 울기만 하지 말고 미래의 밝은 빛을 향해 분투하고 노력하며 성공을 쟁취하지 않으면 안 된다."

― 링컨 대통령 ―

많은 사람에게 용기를 준 링컨 대통령의 어록입니다. 노력하면 누구나 리더가 될 수 있다는 그의 이야기는 우리에게도 희망을 줍니다. 자신의 현재 위치가 리더와는 다소 거리가 있더라도 배움을 게을리하지 않고 자신의 맡은 바 임무를 다하다 보면 반드시 기회가 올 것입니다. 리더가 되고자 하는 열정과 준비를 마친 사람만이 리더로 성장할 수 있습니다.

하버드대학교 심리학과 하워드 가드너 교수는 '리더는 자기 성찰을 통해 스스로 학습해 나가는 능력이 높다'고 말했습니다. 또한 독서를 즐기고 네트워크를 통해 정보를 습득하는 능력이 높으며, 평소 어린이와 같은 호기심 어린 시각으로 세상을 바라보는 공통점이 있다고 말했습니다.

그런 의미에서 리더는 평생학습을 추구하는 성장 마인드셋이 있어야 합니다. 리더가 학습하지 않는다면 그것은 음주운전을 하는 것과 같을 것입니다. 공부하지 않는 리더는 조직을 위험에 처하게 만들기 때문입니다.

〈사피엔스〉로 유명한 유발 하라리 교수도 모든 인간이 90세까지 평생학습을 해야만 하는 시대가 되었다고 했습니다.

리더십에 관한 이야기 중에 미국 작가 나다니엘 호손의 「큰 바위 얼굴」이라는 단편소설이 있습니다.

미국의 어느 작은 마을 입구에 사람 얼굴 형상을 한 큰 바위가 있었습니다. 마을 사람들은 큰 바위 얼굴을 닮은 지도자가 언젠가는 나타날 것이라고 기대하며 살아갑니다.

어니스트도 큰 바위 얼굴을 바라보며 자랐습니다. 시간이 흘러 외지에서 크게 성공한 유명인사들이 하나둘씩 마을로 돌아왔습니다.

돈을 많이 모은 부자, 전쟁에서 승리한 장군, 성공한 정치가, 시인이 차례로 나타나 마을 주민들의 기대를 모았습니다. 하지만 시간이 흐를수록 그 사람들의 정체가 드러나 사람들로부터 외면당하게 됩니다. 그들은 군림하려는 지도자였을 뿐, 마음으로 마을을 이끌어갈 리더십을 갖지 못했기 때문입니다.

오랜 세월 지도자가 나타나기를 기다리던 어니스트는 노년이 되어 강연하러 다닙니다. 어느 날 강연을 하는 어니스트를 옆에서 바라보던 시인이 사람들에게 소리쳤습니다.

"여러분! 보시오! 이 어니스트 선생이 바로 큰 바위 얼굴을 닮지 않았소?"

어니스트는 결국 큰 바위 얼굴 모습을 닮은 마을 지도자로 추대되었습니다. 그는 마을 사람들에게 영향력을 가진 지도자가 되었지만, 마지막까지 겸손함을 잊지 않았습니다.

그리고 평생 사람들에게 '꿈과 희망'을 나눠주는 삶을 살았습니다. 힘든 여건에서도 새로운 희망을 제시하고 지역공동체의 가치를 높이는 사명을 완수하였습니다.

그런 의미에서 '수녀나 수도사들이 입는 옷'을 의미하는 라틴어 '아비투스(Habitus)'에서 유래한 '해빗(Habit)'이라는 단어가 있습니다. 매일 같은 시간에 일어나 기도, 노동, 식사 등을 매일 똑같은 시간에 똑같은 것을 한다는 의미에서 '습관'이라는 뜻으로 파생되었습니다. 사람들은 연초가 되거나 어떤 계기가 생기면 좋은 생활 습관으로 바꾸려 하지만 쉽지 않습니다.

리더는 원대한 사명을 위해 과감하게 자신을 바꿔 나가야 합니다. 때로는 그 길이 외롭더라도 선한 영향력을 발현하기 위한 토양으로 받아들여야 합니다.

야구 종목에서 투수는 운동장에서 가장 높은 곳에 홀로 있는 사람입니다. 선수와 심판 그리고 관중 모두가 일거수일투족에 주목합니다. 철저히 자신과 대결을 해야 하는 사람입니다. 투수이지만 때로는 '에이스'라고도 불립니다.

리더도 이와 마찬가지입니다. 평생 책을 가까이하고 공부하는 습관을 게을리해서는 안 됩니다. 자신을 둘러싼 환경이 고통스럽더라도 자신만의 외길을 터벅터벅 가야 합니다.

리더는 외롭지만 많은 사람에게 '존경받는 리더' 즉 '에이스'라는 칭호를 받기 위해서는 왕관의 무게도 감내하는 숙명도 극복해야 하는 존재이기 때문입니다.

모든 'Leader'는 'Reader'다

최근 '책 덮은 대한민국, 1년간 단 한 권도 안 읽은 성인 절반이 넘는다'라는 기사를 접했습니다.

국민 92%가 정보·지식 습득을 위해 스마트폰을 선호한 영향이라고 덧붙였습니다.

2011년에는 책을 1년에 한 권 이상 읽은 독서인구가 10명 중 7명 이상이었습니다. 이에 비해 10년 만에 현저히 감소한 것입니다. 같은 기간 15세 이상 인구의 연평균 독서 권수는 12.8권에서 7권으로 대폭 줄었습니다.

미디어 전문가들은 독서량 감소가 장기적인 담론 형성과 사회 통합 등 건강한 민주주의가 작동하는 데 악영향을 미칠 수 있다는 우려를 나타냈습니다. 책과 신문 등을 통한 능동적인 정보 습득은 시민의식과 밀접한 관련이 있는 것으로 알려진 만큼 민주주의 사회를 표상하는 지표로 활용되기 때문입니다.

스마트폰을 통한 동영상이 대세가 되면서 클릭 한 번으로 상세히 설명해 주는 유튜브 앞에서 손으로 일일이 넘기며 집중해서 봐야 할 책은 불편한 콘텐츠가 되어 버린 지 오래 입니다.

하지만 '**사람은 책을 만들고, 책은 사람을 만든다**'라고 했습니다.

다양한 관점에서 세상의 지혜를 담은 책은 리더들에게는 기본적인 교양은 물론 전문지식 함양을 위해서라도 가까이해야 합니다.

흔히 글자는 읽을 수 있지만, 책을 읽지 않는 사람을 '의사 문맹(책과 담쌓은 사람·aliteracy)'이라고 합니다. 문맹률은 세상에서 가장 낮은 0% 수준인데, 성인 독서율은 겨우 47% 수준입니다. 성인 절반 이상이 의사 문맹인 것입니다. 의사 문맹이 지속되면 성인의 문해력에도 문제가 발생하게 됩니다.

일반적으로 문해력이 높은 사람은 충동적이거나 감정으로 매사에 임하지 않으며 다른 사람의 생각이나 입장에 대해 수용성이 높은 특성을 보입니다.

지금처럼 성인들의 독서율과 문해력 저하는 조직 전체적으로도 심각한 문제를 초래할 수 있습니다. 지적 능력과 창조성이 낮아지기 때문입니다.

초연결사회의 중심에 있는 우리는 자신이 원하는 정보를 편식할

우려 또한 높습니다. 사람은 자신이 좋아하는 분야만 반복해서 보려는 경우가 많기 때문이다. 책에는 우리가 경험하지 못했던 새로운 지식과 통찰이 있습니다.

독서를 통해 새로운 세상을 만나고 삶의 방향을 수정 보완해 나갈 수도 있습니다. 그러므로 책은 고등학교나 대학교 졸업과 동시에 놓는 것이 아니라 나를 더 발전해 나갈 수 있는 도구로 삼아야 합니다.

프랑스의 작가 베르나르 베르베르는 스마트폰의 짧은 영상에 장기간 노출되면 현재에 집중하기 어렵다고 단언했습니다. 독서는 우리에게 일정한 시간과 노력을 요구합니다. 특정한 공간에서의 정숙한 분위기에서 몰입해야 하는 절대적인 시간, 그 시간 동안 저자의 의도를 숨은 보물찾기라도 하듯이 파악하려 노력해야 하기 때문입니다.

특히 독서는 연결된 세상과 거리를 두는 좋은 방법입니다. 무엇이든 지나치게 가깝게 있으면 핵심이 보이지 않습니다. 나무와 숲을 동시에 보지 못하고 내 앞의 나무만 보기 때문입니다. 반복된 일상에 파묻혀 사는 우리는 독서를 통해 의식적으로 세상과 거리를 두어야 합니다.

마이크로소프트를 창업해 세상에서 가장 성공한 기업인이라고 평가받는 빌 게이츠는 "어린 시절 고향마을에 있던 작은 도서관이 나를 만들었다"라고 말했습니다. 그는 자신의 전공 분야를 초월해 역사나 사상에 대한 다양한 독서를 통해 소프트웨어의 필요성과

구조를 치열하게 고민했다고 합니다. 만약 빌 게이츠가 단순한 엔지니어였다면 실리콘밸리에 넘쳐나는 IT 인재들과 다를 바 없는 평범한 월급쟁이로 살았을 것입니다.

그런 의미에서 미국 문학평론가 헤럴드 볼룸은 **"독서는 인간이 경험할 수 있는 유일한 세속적 초월이다."**라고 했습니다. 인간에게 자신의 영역에서 기존 사고를 뛰어넘는 초월이란 큰 벽처럼 느껴지고 어렵기만 할 것입니다.

하지만 독서를 통해 SF 공상영화처럼 소파에 앉아 과거로 여행을 하기도 하고, 지구 반대편에 있는 현자의 소리를 들을 수도 있습니다. 나와 다른 시대를 살았던 사람과 대화를 나누고, 때로는 주인공이 되기도 합니다.

때로는 감정에 몰입해서 눈물을 흘리기도 하고 때로는 슬픔에 빠지기도 합니다. 이런 신기한 경험을 하게 할 수 있는 위대한 것이 바로 '독서'입니다. **일상을 벗어나 나를 만나고 세상을 만날 수 있는 가장 가성비 높은 유일무이한 것이기** 때문입니다.

미국의 철학자 랠프 월도 에머슨(1803~82)은 같은 책을 읽는다는 것은 '사람들 사이를 이어주는 소중한 끈이다'라고 말했습니다. 같은 책을 읽고 같은 주제로 대화하는 순간 누워있던 활자는 현재에 다시 태어나 나의 지식과 통찰이 됩니다.

사실 책은 다른 문화 콘텐츠인 영화, 게임 등에 비해 가장 많은 수고를 해야 하는 불친절한 도구입니다. 그런데도 리더라면 우리의 생각 근육을 단단히 하기 위해 독서를 해야 합니다.

　모든 책의 저자에게는 자신만의 질문이 있습니다. 저자는 그 영역에 대한 오랜 고민 끝에 책을 통해 답은 이것이라고 정리해 만든 것이 한 권의 책이기 때문입니다.

　내 인생을 바꿀 한 권의 책을 만나자.
　두 가지에서 영향받지 않는다면
　우리 인생은 5년이 지나도 지금과 똑같을 것이다.
　그 두 가지란 우리가 만나는 사람과 우리가 읽는 책이다.

　　　　　　　　　　　　　　　　　　　　– 동기부여 연설가이자 작가, 찰스 존스 –

　'한 시간이 주어지면 책을 읽고 한 달이 주어지면 친구를 사귀어라.'라는 말이 있습니다. 유명한 작가인 디팩 초프라는 책이 사람을 변화시키는 이유로 '멈추고 돌아볼 기회를 준다'라고 말했습니다.

　모든 'Leader'는 'Reader'가 되어야 합니다.

　'거인의 어깨 위에서 세상을 바라볼 수 있는 거룩한 작업'인 독서를 통해 후배들에게는 본보기가 되는 리더로 성장해 나가야 할 것입니다.

아침에 배달되는
정보의 '진수성찬'

예전에 출퇴근길에 지하철을 타면 신문이나 책을 보는 사람을 많이 볼 수 있었습니다. 하지만 지금은 핸드폰 영상을 보느라 바쁩니다. 특히 리더는 세상에서 가장 바쁜 사람에 속합니다. 그래서 더욱더 신문을 꼭 챙겨서 읽어야 합니다.

책뿐만 아니라 신문 등 전통적인 인쇄 매체를 통한 정보 습득 역시 갈수록 줄어들고 있습니다. 2011년 신문을 정기구독하는 가구는 전체의 15.7%였으나 2019년에는 2.1%로 쪼그라들었습니다. 1996년 조사 때 나온 69%와 비교하면 상상이 안 되는 수치입니다.

반면 대부분 사람은 스마트폰을 통해 뉴스 기사를 접하고 있습니다. 최근 스마트폰을 통해 뉴스 기사를 소비하는 인구 비율은 약 93%에 달했습니다.

요즘은 과거보다 구독률이 많이 줄었지만 지금도 여전히 기업을 경영하는 리더들은 신문을 통해 세상 살아가는 정보를 얻습니다. 어떤 이는 아침에 신문을 드는 것이 잘 차려진 정보의 진수성찬을 먹기 위해 숟가락을 드는 것처럼 두근거린다고 합니다. 그들은 신문 1면의 머리기사를 보며 현대인들이 오늘 어떤 주제에 가장 관심이 많은지 살펴봅니다.

이런 신문 마니아들은 최근 인터넷이나 모바일에 밀려 신문이 점점 영향력을 잃는 것을 아쉬워한다고 합니다. 그들에게 신문을 읽는 행위 자체가 미래에 대한 투자이자 적금이라고 여깁니다.

ESG 경영, 4차 산업혁명 등 수많은 경영 화두가 실시간 쏟아지는 요즘 객관적인 사고를 할 수 있는 신문 매체가 더 차별화될 수 있습니다.

왜냐하면 온라인에 떠돌아다니는 과잉 정보 속에서 어느 것이 양질의 정보인지 정제하는 역할을 신문이 대신해 주고 있기 때문입니다. 특히 사람들은 자신이 듣고 싶은 이야기만 듣고 따르는 경향이 있습니다. 하지만 신문을 읽다 보면 보고 싶지 않은 글도 보게 됩니다. 편협한 사고가 아닌 사회현상을 균형 있게 바라보는 스펙트럼이 생기는 것입니다.

매일 신문을 꼼꼼히 읽는다는 신달자 시인은 **"모든 뉴스 매체 중에 신문이 가장 인간적인 것 같다"**라고 평가했습니다. 먼저 본 사람의 체온이 남아 있는 상황에서 다른 사람이 이어서 읽을 수도 있고, 좋은 내용은 잠시 접어 두었다가 다시 읽을 수 있기 때문이라고 했습니다.

"똑같은 기사여도 종이에 있는 것은 '읽는 것'이고, 스크린(모니터)에 있는 것은 '보는 것'이에요. 읽는 것은 따뜻하고 인간적이지만 보는 것은 차갑고 비인간적이죠. 이상하게 기계는 인간을 고립시키고 시야를 좁혀요. 신문 종이를 만지고 내용을 품다 보면 단순히 글자 이상의 의미로 다가옵니다."

김홍식 작가는 신문은 평범한 이웃의 삶부터 전문가의 날카로운 사설까지 내 앞에서 풍성하게 펼쳐진다고 말했습니다. **"신문마다 논조라는 게 있어요. 다양한 신문을 보며 그 관점의 차이를 알기만 해도 상당한 비판적 사고 능력이 생깁니다."**

학생을 가르치는 어느 대학 교수도 "요즘 학생들은 신문을 읽지 않아서 세상 돌아가는 걸 잘 모르는 거 같다"라고 평가했습니다. "예를 들어 한 신문사의 경우 기자가 300명쯤 될 겁니다. 연봉을 평균 5,000만 원으로 치면 150억 원이에요. 그런 지성인들이 분석한 양질의 정보와 국내외 가치 있는 뉴스를 매일매일 집으로 배달해 주는 겁니다. 저는 학생들에게 기사의 가치를 보라고 강조합니다."

최근 조사 결과 북유럽의 덴마크와 스웨덴의 공무원과 정치인

청렴도가 세계에서 가장 높은 것으로 나타났습니다. 국제투명성기구(TI)에서 평가하는 부패인식지수가 10점 만점에 9.2~9.3점으로 나온 것입니다.

그런데 이들 나라의 공통점은 세계에서 신문 구독률이 가장 높은 국가입니다. 세계신문협회의 신문 구독률 조사에 의하면 스웨덴은 83%, 덴마크는 76%에 이릅니다.

반면에 그리스는 부패인식지수가 3.8점으로 하위권인데 공교롭게도 신문 구독률 역시 12%로 매우 낮게 나타났습니다. 신문을 읽는 인구 비율이 높은 국가일수록 부정부패가 낮다는 연구 결과도 있습니다.

그런 의미에서 미국의 힐러리 클린턴 전 미국 국무장관은 **"청소년 시절 신문을 정독한 덕분에 오늘의 내가 있다"**라고 할 정도로 신문의 중요성을 강조했습니다. 그녀는 신문을 읽으면 정보를 입체적으로 알 수 있어서 세상에 어떤 이슈가 있고, 사람들이 무엇에 관심이 있는지 알고 싶다면 반드시 신문을 읽으라고 권했습니다.

또 인터넷 검색은 내가 알고 싶은 것만 찾게 되고 편식하게 된다며 '검색'은 우리의 머리를 쓰지 않게 만들고 결국 창의력을 파괴한다고 지적했습니다.

최근 신문 관련 대회에서 수상한 학생은 '나의 사치스러운 사교육은 신문'이라는 글에서 신문은 모든 과목을 담당하는 최고의 스승이라고 말했습니다. 특히 "스스로 읽고 생각하게 하는 신문은 탁한 공기 속에 늦은 밤까지 있어야 하는 학원보다 엄청난 힘을 갖고 있다"라고 덧붙였습니다.

예전에 신문의 날 표어 부문 대상에 '가장 좋은 적금, 신문 읽는 지금'이 선정되었습니다. 세상을 넓고 동시에 깊게 이해하기 위해 보는 신문과 목돈을 위해 정기적으로 모으는 적금의 공통점을 잘 표현했습니다.

'세상 돌아가는 것을 알아야 미래를 알 수 있다'라는 말이 있습니다. 한동안 스마트폰에 밀려 잠시 잊고 있었던 지식의 보고, 신문에 다시 정을 주어야 합니다. 리더로서 세상과 나를 이어주는 다리이자 세상을 보는 눈인 신문을 통해 스펙트럼 넓은 사고를 해 나가야 할 것입니다.

창의성의 씨앗 '메모'

직장생활을 하다 보면 가장 많이 듣는 말이 '창의적으로 일하라' 라는 말 일 것입니다. 작년보다 좀 더 차별화된 생각, 다른 경쟁사보다 유니크한 제품과 서비스, 신사업 구상 등 리더라면 그놈의 창의성으로 스트레스를 받는 힘든 나날을 보냅니다.

그런 의미에서 '기록이 기억을 이긴다'라는 말이 있습니다. 평소 직장생활을 하다 보면 유독 메모를 잘하는 사람을 보곤합니다. 보통 그런 사람들은 다른 사람보다 더 적극적으로 업무에 매진하는 경향이 있습니다.

상사가 업무를 지시할 때 몸만 오거나 듣는 둥 마는 둥 하거나, 회의할 때도 지나치게 자신의 핸드폰을 기웃거리는 사람들은 평소에도 성과가 좋지 못한 경우가 많습니다. 요즘은 에버노트 등 모바일 메모장이든 개인 다이어리든 온·오프라인으로 상호보완하며 메모를 하는 사람들이 많습니다.

우리가 잘 아는 적자생존(適者生存)의 사전적 의미는 '환경에 가장 잘 적응하는 생물이나 집단이 끝까지 살아남는다.'라는 뜻입니다.

하지만 다른 의미로는 발음 그대로 **'적어야 산다'**라는 의미로 활용되곤 합니다. 개인적으로 전적으로 공감하는 말입니다.

메모는 인간의 기억력 한계를 극복하는 가장 확실한 수단입니다. 특히 나이가 들수록 조금 전에 생각했던 것도 잊어버리기 쉽습니다. 그런 의미에서 떠오르는 생각을 바로바로 메모해 놓지 않으면 귀중한 아이디어가 사라져 버립니다.

역사적으로도 큰 업적을 남긴 사람 가운데는 유독 메모광이 많습니다. 링컨 대통령, 토머스 에디슨, 레오나르도 다빈치 등 전 세계 위인들은 일상에서 메모를 활용했습니다.

미국의 링컨 대통령은 늘 자신의 모자에 노트와 연필을 넣고 다녔다고 합니다. 좋은 생각이 나거나 유익한 정보를 들으면 바로 메모했습니다. 발명왕 토머스 에디슨도 '이동하는 사무실'이라고 불릴 정도로 어느 장소에 있든지 메모했습니다. 그가 그렇게 평생 메모한 노트가 3,400여 권이나 되었습니다.

르네상스 시대 최고의 천재라고 불리는 레오나르도 다빈치는 30여 년 동안 수천 장의 메모를 썼습니다. 인체·미술·문학·과학 등 다양한 영역의 학문을 꼼꼼하게 정리했습니다. 그의 메모를 정리한 '아틀란티쿠스 코덱스(Atlanticus Codex)'에는 자동차에서 잠수함까지 천재적인 상상력과 아이디어가 가득 차 있습니다.

조선 시대 실학자이며 개혁가였던 다산 정약용 선생 역시 메모를 즐겼습니다. 18년 유배생활 동안 600여 권을 저술했는데, 이런 바탕에는 성실함과 메모하는 습관이 있었습니다. 끊임없이 생각을 정리했던 그는 조선 시대 최고의 메모광이었습니다.

이렇듯 인간이라면 타고난 머리도 중요하지만, 기록의 힘을 무시할 수 없을 것입니다. 아이디어를 온전히 내 것으로 만들기 위해 메모를 생활화하는 노력이 필요합니다.

특히 리더라면 바쁜 시간의 조각 조각들을 모으기 위해서라도 어딘가에 메모하는 습관을 지니는 게 중요합니다. 온·오프라인에 어떤 방식으로 적든 중요한 것은 일상을 기록하는 메모 습관입니다.

최신 경영트렌드를 따라가기 위해 책이나 신문내용을 따로 메모하거나 데이터베이스로 정리해 두는 것도 좋습니다. 메모가 쌓이는 '축적의 시간' 동안 나의 지식도 그 위에 돌 하나를 더 쌓을 수 있기 때문입니다.

기록은 나를 더 나답게 만들고 더 나아가 내가 갈 길의 방향까지 제시할 수 있습니다. 순간순간의 일상이든 멋진 추억의 경험이든 오래 기억하고 싶다면 반드시 나만의 방식으로 기록하는 것이 좋습니다.

특히 **"메모의 근본은 잊어버리는 것"**이라는 말이 있습니다. 일단 메모를 하면 그 일은 1차적으로 마감이 됩니다. 확실히 잊어버리고 다른 시간을 생산적으로 활용할 수 있습니다.

이렇듯 세상은 메모하는 자와 메모하지 않는 자로 나눌 수 있습니다. '둔필승총(鈍筆勝聰)'이라는 말대로 '둔한 필기가 총명한 머리를 이길 수 있다'는 사실을 잊지 말아야 합니다. 만약 메모를 10년 이상 꾸준히 한다면 그 사람의 인생이 자체가 180도 바뀔 수 있다고 전문가들은 말합니다.

가수 존 레논은 비틀스가 해산된 뒤 '이매진(Imagine)'이라는 명곡을 만들었습니다. 비행기를 타고 이동 중 갑자기 떠오른 시상을 적어서 탄생한 작품이라고 합니다. 존 레넌은 그때의 생각들을 급히 메모지에 적어두었고 결국 불멸의 히트곡이 되어 남아 있습니다.

〈메모의 신〉의 저자 김영진 씨는 "모두에게 좋은 아이디어가 생각날 수 있지만, 그것을 메모하느냐가 성공의 관건"이라고 말했습니다. 대부분의 생각은 몇 초 안에 순식간에 날아가는 경우가 많습니다. 그래서 되도록 10분 안에 메모하는 것이 좋습니다.

'절제, 침묵, 정돈, 결단, 절약, 근면, 성실, 정의, 중용, 청결, 침착, 순결, 겸손'
벤저민 프랭클린이 만든 13가지 덕목입니다.
그는 "50년 이상을 자신의 수첩에 적어두었습니다. 그리고 실행 여부를 수시로 점검했습니다. 평생 행복한 인생을 살 수 있었던 것은 메모해 둔 이 수첩 덕분이었다"라고 회상했습니다.

때로는 사람들은 메모를 과거의 기록 정도로 가볍게 치부하지만 성공한 사람들의 메모장에는 '되고 싶은 모습'이 있습니다. 때로는 비전 보드처럼 보일 수 있게 자신의 버킷 리스트를 붙여 놓곤합니다.

다이어리나 휴대전화 앞에 내가 지향하는 삶을 써놓으면 볼 때마다 살아가야 하는 의미를 얻을 수 있습니다. 메모를 통해 자신만의 노하우를 다른 사람에게 전달하는 과정에서 정보의 확산이 이어지기 때문입니다. 일상의 메모가 휴먼 네트워크와 접목하면서 새로운 가치로 확장될 수 있기 때문입니다.

베스트셀러 작가이자 리더십 전문가인 존 맥스웰은 다음과 같이 말했습니다.

"우리 중 95%는 자기 인생 목표를 글로 기록한 적이 없다.
그러나 글로 기록한 적이 있는 5% 중에서 95%는 자기 목표를 성취했다."

그런 의미에서 리더라면 오늘부터 나의 성장과 직원들의 성장, 더 나아가 우리 조직의 성장을 위해 순간순간을 기록하는 습관을 지니도록 노력해야 합니다.

하늘 아래 새로운 것이 없듯이 기존의 현상과 아이디어들이 융합되어 내 생각과 버무려질 때 비로소 창의적인 생각이 나올 수 있을 것입니다.

하루를 2배로 사는 마법, '다이어리'

관리자급인 리더들은 하루하루를 어떻게 보냈는지 모를 정도로 정신이 없습니다. 출근하자마자 이메일 확인, 회의 참석, 상사 보고, 부하 직원 업무 지시 등등 순식간에 시간이 지나버립니다.

사회생활을 하다 보면 다이어리를 잘 쓰는 사람들을 많이 만납니다. 개인적으로도 다이어리를 애용하지만, 다이어리는 급여를 지급하지 않는 '로드 매니저이자 비서'라고 생각됩니다.

왜냐하면 24시간 내 옆에서 붙어서 하루 스케줄을 관리해 주기 때문입니다. 이를 통해 약속 시간을 어기지 않게 되면서 다른 사람과의 신뢰관계도 좋아질 수 있습니다.

무엇보다 하루에도 수없이 다이어리를 보며 하루, 주간, 월간, 연간 일정을 보면서 숲과 나무를 동시에 볼 수 있게 됩니다. 물론 집안 대소사는 물론 가족 일정도 함께 관리할 수 있습니다.

목표성취와 효율적 시간 관리를 위해 다이어리를 활용하는 인구가 계속 늘고 있다고 합니다. 실제로 목표 관리가 성공확률과 비례한다는 연구 결과도 있습니다.

미국 블라토닉 연구소에서는 예일대학 졸업생 200명에 대해 목표 관리 조사를 한 적이 있습니다. 이 가운데 84%의 학생은 목표가 없었고, 13%의 경우 목표는 있으나 기록하지 않았고, 3%의 학생만이 자신의 목표를 글로 쓰며 관리했다고 합니다.

그 후 20년이 지나 졸업한 사람들의 자산을 조사했더니 목표는 있으나 기록하지 않은 학생은 목표가 없었던 학생의 2배였다고 합니다. 특히 목표를 글로 관리했던 학생의 자산은 목표만 있었던 학생의 10배를 넘었습니다.

'시간 관리에 성공한 사람은 인생에 성공할 수 있다'라는 말이 있습니다. 이를 다른 말로 해석하면 시간 관리에 성공하지 못한다면 절대 성공하지 못한다는 의미입니다.

시간은 목표와 계획에 의해서 관리됩니다. 머릿속에만 머물러 있는 목표나 계획은 무의미합니다. 반드시 종이에 적어두고 매일 꾸준하게 점검해야 하는 게 효과적입니다. 그래야만 진짜 목표가 되고 계획이 되기 때문입니다. 그런 의미에서 다이어리를 통해 자신의 꿈과 목표를 적어두고 수시로 들여다보고 하루하루 성찰하는 습관이 중요합니다.

"제 성공 비결은 간단합니다. 매일 아침 일찍 일어나서 그날 해야 하는 가장 중요한 일 일곱 개를 적고 처음 세 가지 일을 합니다. 그게 전부입니다."

미라클 모닝 밀리어네어(부자들만 아는 6가지 기적의 아침 습관) 저자 데이비드 오스본은 이 단순한 법칙을 자신의 일상에 적용했습니다. 이 법칙을 통해 일의 '**우선순위**'를 정하고 '**계속해야 할 일**'과 '**포기해야 할 일**'을 구별했던 것입니다.

시간이 늘 부족한 리더로서 다이어리를 통해 하루를 남들보다 다르게 마치 48시간처럼 늘릴 수 있습니다. 다이어리는 중요한 일정이나 약속을 잊지 않는다는 단순한 장점만 있는 것이 아닙니다.

바쁜 스케줄에서 빈 시간을 찾아주는 순기능이 있습니다. 시간 관리 능력은 모든 일을 효율적으로 하는 능력과 일치하기 때문입니다. 자본이 없는 일반 사람들에게 시간이 무기입니다.

지위나 재산의 정도에 상관없이 시간은 모든 사람에게 24시간 평등하게 부여되기 때문입니다. 무엇보다 효과적인 일정 관리를 통해 개인은 물론 조직의 지속적인 발전을 유도해 나갈 수 있습니다.

〈성공하는 사람들의 다이어리 활용법〉을 쓴 일본 경제전문가 니시무라 아키라는 "**다이어리를 사는 것은 새해를 사는 것, 그리고 인생을 사는 것**"이라고 말했습니다.

다이어리를 통해 한해 농사를 언제, 어디서, 어떻게 씨를 뿌리고 추수해야 할지 설계할 수 있다고 덧붙였습니다. 특히 다이어리를 쓰다 보면 오늘 계획한 일의 진도를 확인할 수 있고 오늘 어떤 점이 부족했는지 그리고 내 삶은 지금 어디로 흘러가는지 궤적을 실시간 확인할 수 있습니다.

그런 의미에서 다이어리 사용을 통해 단순 업무 효율을 떠나 내 삶의 희로애락과 추억을 더 명확히 인식할 수 있습니다. 행복한 순간들을 더 체계적이고 오래 기억할 수 있는 것입니다.

특히 자신을 관찰하다 보면 내가 어떤 걸 좋아하고, 지금 어떤 삶을 살고 있는지가 자연스럽게 보이게 됩니다. 나의 삶을 객관적으로 바라보는 순간 소중한 일에 집중하게 되는 진정한 변화가 시작될 수 있습니다.

유명한 프라이빗 뱅커(PB)가 언론 인터뷰에서 부자들의 공통점을 이야기한 적이 있습니다. 그가 만난 부자 대부분은 낡은 수첩이나 다이어리를 소중하게 다뤘다고 합니다.

"그분들은 아무리 바빠도 예금이나 적금의 만기일을 정확하게 지키셨어요. 자세히 보니 그분들은 다들 자신의 다이어리에 만기일을 표시해 두었어요. 보통 사람들은 바쁜 일상으로 인해 만기일을 넘겨 은행에 오는 경우가 많은데 그분들은 달랐어요."

그가 경험한 부자들 다이어리 속 세 가지 비밀은 다음과 같습니다.

　　그는 가능하면 손으로 직접 쓰는 것을 권했습니다.

　　"사람은 자신의 손을 사용할 때 아이디어가 많이 떠오른다고 합니다. 볼품없는 아이디어도 다이어리에 정리하다 보면 멋진 계획으로 발전할 때가 많습니다. 어느 정도 시간이 지나 숙성이 이루어지면 새로운 아이디어로 확장되는 경험을 하게 됩니다."

　　결국 생각은 '하는 것'이 아니라, '나는 것'입니다. 생각이 나도록 구체적으로 자신만의 노하우가 있어야 합니다. 그 방법 중 가장 효과적인 것이 다이어리를 사용하는 습관을 통해 자신의 삶을 바꾸는 것입니다. 이건 다이어리를 규칙적으로 쓰는 사람만 알 수 있기 때문입니다.

　　왜냐하면 다이어리를 통해 자신을 정기적으로 돌아볼 수 있기 때문입니다. 머릿속의 기억에 의지하다 보면 순간순간의 감정만 남아 있습니다. 무조건 글로 적어보고, 눈으로 보며 사유하는 건 그

것을 객관적으로 바라볼 수 있기 때문입니다.

그 프라이빗 뱅커(PB)도 결국 부자들처럼 다이어리를 사용하면서 일상을 정리해 보았다고 합니다. 그 과정을 통해 실제로 일하는 시간은 작은데 습관적으로 야근을 했다는 것을 알 수 있었다고 합니다. '나중에 해야지, 내일 해야지' 하고 미뤘던 시간이 많았던 것입니다. 그래서 일하는 시간에 최대한 집중해서 일하고 남은 시간은 가족과 함께하려고 노력했다고 합니다.

그 당시 떠오른 생각이 "경제적으로 성공하지 않아도 행복할 수 있구나"였다고 합니다. 그래서 더욱 다이어리를 쓰며 행복하기 위해서 내 시간을 통제해 나간 것입니다.

내 삶의 주인공인 리더로서 나의 꿈을 찾고 조직의 성장과 화목한 가정을 위해 '**만병통치약**', '**다이어리**'를 통해 하루를 길게 사는 느낌을 경험해 보아야 할 것입니다.

끊임없이 배우는 사람은
늙지 않는다

21세기의 문맹자는 글을 읽을 줄 모르는 사람이 아니라
학습하고 교정하고 재학습하는 능력이 없는 사람이다.

– 앨빈 토플러 –

리더라면 현안에 쫓기다 보면 공부를 소홀히 하게 됩니다. 공부
를 소홀히 하게 되면 나중에는 내가 먼저 알게 되고 직장 동료들이
알게 됩니다. 그런 순간이 오면 조직에서 서서히 도태되고 맙니다.
요즘 젊은 직원들은 공부하지 않는 상사를 따르지 않습니다.

자신의 성장에 도움이 되는 인사이트를 주는 역량이 안되면 오
랜 시간 대화를 나누고 싶어 하지 않기 때문입니다. 결국 과거에

배운 올드한 지식과 고정관념에 휩싸여 '꼰대' 소리를 들을 수도 있습니다.

리더라면 자신을 위해 직장 동료를 위해 조직을 위해 평생학습을 게을리해서는 안 됩니다.

공부하지 않는 리더라면 리더 자리에서 내려와야 합니다. 급여만 많이 가져갈 뿐 조직의 발전에 도움이 되지 않기 때문입니다. 오히려 시대에 맞지 않은 아이디어나 개똥철학으로 조직의 성장에 방해만 될 수 있습니다.

집에서도 마찬가지입니다. 엄마 아빠가 공부하지 않고 아이들에게만 공부하라고 강요하면 아이들은 말을 듣지 않습니다. 아니 이해가 안 되는 것입니다. "시험 기간인데 공부해라, 숙제하고 놀아라, 휴대전화 그만해라" 잔소리만 늘어놓으면서 정작 본인들은 거실에서 온종일 TV를 보거나 유튜브 영상을 본다면 학습 분위기가 형성되기 만무합니다.

직장에서 직원들에게 자기 계발을 주문하려면 리더도 평소 자기 관리를 철저히 해야 하듯이 아이들에게도 학습 분위기를 마련해 주려면 부모들부터 집에서도 공부하는 습관을 들여야 합니다. 아이들은 부모의 거울이기 때문입니다. 요즘 아이들이 어떤 생각을 하는지 자녀 세대에 관해 공부하지 않고 이해하려고 노력하지 않으면 아이들은 부모와의 대화를 거부할 것입니다.

특히 급격하게 변화하는 지식 사회에서 배움을 멈추면 그 사람은 이미 늙은 사람입니다. 반대로 **끊임없이 배우는 사람은 늘 젊**

은 사람입니다. 사람은 배우기를 멈추는 순간 늙기 시작하기 때문입니다.

심리학자들은 자신의 일상을 성공적으로 변화시키기 위해서는 결심만 하지 말고, 환경을 바꿔야 한다고 말합니다. 예를 들면 우리가 운동하고 싶다면 헬스장에 가야 하듯이 운동을 유도하는 환경에 자신을 노출하는 것입니다. 행동을 자극하는 적절한 공간을 만나지 않는다면 변화하기 힘들다고 단언합니다.

아이가 공부하기를 바라는 마음에 학교나 학원에 보내면서 정작 부모들은 어떤 공간으로 가지 않거나 집의 공간을 바꾸지 않는다면 변화를 도모하기 힘듭니다. 책을 읽고 싶다면 도서관에 가거나 서점에 가야 합니다. 집에서 독서가 잘 안 된다면 집을 나와 동네 카페라도 가는 것이 좋습니다. 독서 모임 등 자신에게 자극을 주는 외부 활동을 하면 금상첨화일 것입니다.

그런 의미에서 세계적으로 유명한 자기 계발의 대가가 있습니다. 1회 강연료를 2억을 받는 사람, 고등학교 중퇴의 인생에서 세계적인 명강사가 되어 연간 25만 명의 사람에게 동기부여를 하는 사람, 브라이언 트레이시(Brian Tracy)입니다. 세일즈 기법, 목표 및 시간 관리를 통해 연간 약 3억 달러의 매출을 내고 있습니다.

브라이언 트레이시는 우리 스스로 지속해서 성장시켜야 한다고 강조하며 다음과 같은 말을 했습니다.

"성장하지 않는다면 바로 퇴보하는 것을 의미합니다. 제자리에 있는 사람은 아무도 없습니다. 운동선수가 훈련을 멈추면 어떻게 될까요? 능력이 계속 남아 있을까요? 평소 숙련된 운동선수라도 72시간 뒤부터는 능력이 급격히 감소하기 시작합니다. 멘털 피트니스(Mental fitness)도 같은 이치입니다. 평생 배우고자 하는 것이 곧 운동하는 것과 같습니다. 80대 20 법칙을 연구한 한 연구자에 따르면 하위 80%의 사람들은 10년간 새로운 기술을 배우지 않는다고 합니다. 왜 그들의 수입이 낮은지 이해할 수 있겠지요."

실력은 명사가 아니라 동사다.
계속 갈고 닦지 않으면 금방 녹이 슨다. 그래서 실력은 언제나 진행형이다.
지금 실력이 없다고 의기소침할 필요가 없다.
세상은 얼마 되지 않는 재주와 기교로 요리조리 머리를 굴리는 사람보다
작은 실천 속에서 장애물을 넘기 위해 애쓰는 사람에게 길을 내준다.

– 유영만, 〈청춘경영〉에서 –

이와 같은 의미로 전 세계 인구의 0.2%에 불과한 유대인은 노벨상 수상자의 25%를 차지합니다. 유대인들은 우리가 마치 신앙처럼 여기는 학벌이나 학력(學歷)보다 배우려는 노력, 즉 학력(學力)을 더 중시합니다.

또한 찰리 트리멘더스 존스는 '지금의 당신과 5년 뒤 당신의 차

이는 그동안 만나는 사람들과 읽는 책들에 달려 있습니다.'라고 말했습니다.

리더라면 자기 일과 삶의 균형을 위해 세상만사에 호기심을 가지고 끊임없이 학습하는 습관을 놓치지 말아야 할 것입니다.

문화 '소비자'의 삶에서 '생산자'의 삶을 산다

리더라면 경쟁에 뒤처지지 않기 위해 평소 다른 사람보다 독서에 대한 니즈가 많을 것입니다. 그동안 조직에서 살아남기 위해 참 많은 책을 자의 반 타의 반 읽었을 것입니다. 한 번쯤은 책을 그만 읽고 책을 써 보려는 용기가 필요합니다.

앞으로는 수동적인 태도의 '문화 소비자의 삶'에서 주도적인 인생, '문화 생산자의 삶'을 살겠다고 선언해보아야 합니다.

리더로서 살아가는 우리는 오래전부터 간직해온 꿈이 있을 것입니다. 어린 시절 책을 좋아하는 문학청년이었을 수도 있고, 지금이라도 1인 콘텐츠를 생산하는 유튜버의 삶을 살고 싶을 수도 있습니다. 그런 의미에서 향후 우리나라는 자신의 이야기를 자서전이나 에세이 등 책을 쓰고 싶은 사람이 많아질 것이라고 전문가들은 예상합니다.

코로나19 팬데믹의 소용돌이 속에 부모님을 잘 만나 먹고 살기에 걱정이 없는 소수를 빼고는 우리 모두 고용이 불안정한 상태라고 볼 수 있습니다. 직장인이든 자영업자든 언제든지 실직의 위기에 몰릴 수 있습니다.

이런 불안함과 스트레스의 틈바구니 아래서 자신의 생존을 위해 할 수 있는 가장 효과적인 방법이 책 쓰기가 아닌가 생각됩니다. 최근 들어서 직장인을 중심으로 책 쓰기 열풍이 불고 있는 것도 불안정한 사회현상이 반영된 것일 것입니다.

유명한 작가가 아니더라도 우리는 의지만 있다면 누구나 책을 쓸 수 있습니다. 국문과, 문예창작과 출신의 신춘문예 당선자만 글을 쓰는 것이 아닙니다. 유명한 종교인이나 저명한 교수님들만 책을 쓸 수 있는 것은 더욱 아닙니다.

오늘날 우리의 독자들은 화려한 수사나 미사여구보다는 쉽고 공감이 되는 글에 관심을 가집니다. 특히 의미 있는 콘텐츠나 현장에서 일어나는 날것 그대로의 스토리를 듣고 싶어 합니다. 그래서 현장의 노하우를 가진 우리 소시민들이 글쓰기에 적극적으로 나서야 합니다.

꼭 업무와 관련된 전문적인 것이 아니어도 좋습니다. TV에서 보면 생활 속의 달인이 나름의 의미를 주듯 우리가 일상에서 겪고 느낀 소재를 모으면 훌륭한 책이 될 수 있습니다.

이 시대를 사는 모든 리더라면 상사와의 불화에, MZ세대와의 소통에 고민하고 있을수도 있습니다. 이런저런 사유로 한 번쯤은 사표를 내는 상상을 해본 적도 있을 것입니다. 하지만 가장이라는 굴레 때문에 또는 생계형 직장인이기 때문에 쓴 소주 한 잔을 울분과 함께 삼키며 참아야 했습니다. 그럴수록 우리는 가슴속에 나만의 자유를 상상합니다.

'시간'으로부터의 자유, '금전'으로부터의 자유, '공간(회사)'으로부터의 자유 등등. 모든 직장인이 막연히 사표를 꿈꾸지만 바쁘다는 핑계로 정작 그 후의 일은 많이 고민하지 못하고 있는 것 같습니다.

뉴스에서 연일 흘러나오는 세계 최고의 자영업자 비율, 동네 골목마다 치열한 경쟁으로 하루에도 수없이 폐업하는 커피숍, 치킨집, 편의점은 앞으로 다가올 우리의 미래를 더욱더 암울하게 만들고 있습니다.

이럴 때일수록 우리는 현직에 있을 때 독기를 품고 자신만의 노하우를 담은 책을 써서 제2의 전성기를 노릴 기회를 모색해야 합니다. 은퇴 후에 책을 쓴다는 것은 신체적으로도 정신적으로도 쉽지 않습니다.

혹자는 책 쓰기를 **'자기 계발의 끝판왕'**이라고 말했습니다. 작은 비용으로 확실히 자신의 브랜드를 높일 수 있는 책 쓰기에 도전하는 걸 오늘부터라도 심각하게 고민해 볼 필요가 있습니다.

인세, 강연료 등 예상 밖의 보너스는 덤으로 따라올 수 있습니다. 물론 경제적 이익 못지않게 책 쓰기를 통해 자신이 나아갈 방향을 정리해 보는 소중한 시간을 가질 수 있습니다. 특히 책을 통해 세상에 '선한 영향력'을 끼칠 수 있다는 것이 가장 큰 매력이 될 것입니다.

책 쓰기는 기본적으로 세상을 바꾸는 큰 일입니다. 먼 길을 가려는 사람은 진짜 자신만의 내공을 쌓아서 정면 승부를 겨뤄야 합니다. 특히 직장 경력이나 자신의 분야에 내공이 있는 리더들은 작가가 되기에 더욱 유리합니다.

일단 책을 쓰려면 마음이 편안해야 합니다. 마음이 편안해지려면 안정된 수입이 나와야 하기 때문입니다. 책 쓰기는 장기 승부이기 때문에 직장생활을 통해 지속적인 수입이 있을 때 시도해 보는 것이 좋습니다.

주변을 둘러보면 직장인이 비슷한 꿈을 가지고 있다는 걸 확인할 수 있었습니다. 그것은 바로 죽기 전에 자신의 이름으로 책을 한 권 내보는 것이었습니다. 책을 써 보고 싶은 이유는 여러 가지가 있겠지만, 그중 가장 큰 이유는 자신만의 노하우와 전문성을 담은 책을 집필하여 개인의 브랜드 가치를 높이고 노후 준비까지 할 수 있기 때문일 것입니다.

직장인에게 '저자'라는 단어는 사실 익숙하지 않습니다. 직장을 다니다 보면 책 읽을 시간조차 내기 어려울 때가 많은데 책까지 쓴다는 게 그리 만만한 일은 아니기 때문입니다.

하지만 리더가 책을 써야 하는 이유는 평소 꼭꼭 숨겨놓은 자신의 '지식'과 '경험'을 자연스럽게 글로 쓰면 되기 때문입니다. 직장인으로서 본인이 하는 일에서, 소속된 조직에서, 자신을 둘러싼 업종에서 귀로 듣고, 눈으로 보고, 온몸으로 체득한 알토란같은 지식이 가득 차 있을 것입니다. 그 지식의 가치를 본인만 모를 뿐 다른 사람에게는 소중한 자산이 되고, 지적인 쾌감을 끌어낼 수도 있습니다.

그런데 대부분 리더는 그 지식의 가치를 잘 모르거나 무시하다가 지식의 가치가 떨어지는 퇴사 후 그것을 책으로 정리하려는 우를 범합니다. 살아 있는 지식의 생명력이 극대화되는 시점인 현직에 있을 때, 바로 지금 써야 합니다. 우리는 오늘의 지식이 내일의 지식이라고 할 수 없을 만큼 숨 가쁘게 돌아가는 초연결사회에 살고 있습니다.

또한 책을 쓴다는 것은 지식과 경험을 복기할 수 있다는 장점이 있습니다. 바둑기사들은 대국이 끝나면 꼭 복기합니다. 우리 같은 직장인도 마찬가지입니다. 프로젝트가 끝나면 결과 보고서나 성과 보고서를 통해 산출물을 만듭니다. 어떤 일이든 끝나면 복기의 과정을 거쳐야 일의 과정에서 무엇이 잘못되었는지 파악할 수 있고, 그 징비록을 통해 개선해 나갈 수 있습니다.

책 쓰기는 직장 경력에 화룡점정(畵龍點睛)을 찍는 것입니다. 책 출간이 흔해진 세상이지만, 그런데도 직장인이 자신의 지식과 경험을 재직 기간 동안 책으로 써낸다는 것은 분명 쉽지 않은 일입니다. 그래서 책을 낸 직장인이라면 주변에서 바라보는 시선이 많이 달라집니다. 직무나 기술 관련 책을 내게 되면 그 분야의 '전문가'로 인정해 주는 것은 물론 특별한 스펙으로 인정받을 수 있습니다.

지금 큰 회사에 다니고, 높은 자리에 있다고 그것이 영원할 순 없습니다. 대단한 성과를 내서 포상을 받았다고 해서 그 포상을 해마다 주진 않습니다.

인사평가를 한번 잘 받았다고 해서 매년 같은 등급의 고과를 받는다는 보장도 없습니다. 그렇지만 책을 냈다는 작가 타이틀은 평생을 따라다니며 나를 증명해 줍니다. 석사나 박사보다 작가라는 타이틀이 업무 전문성이나 금전적 측면에서 실질적인 도움을 준다고 말하는 사람도 있습니다.

그간 조직에서 우리의 경험과 노하우를 바탕으로 세상을 지금보다 좀 더 좋은 곳으로 바꾸는 데 일조하겠다는 생각이 필요합니다.

그러려면 내가 먼저 열정에 불타올라야 합니다. 그래야만 다른 사람을 불태울 수 있습니다. 그 불이 세상을 바꾸는 큰불이 될지, 한 사람을 위한 따스한 온기가 될지는 아무도 모릅니다. 그것을 알려면 먼저 일단 불을 붙여 보아야 한다.

특히 **책 쓰기는 '나 자신을 만나는 소중한 시간'**입니다. 학창 시절 이후 우리에게 아무도 공부하라고 하는 사람이 없습니다. 그런

데도 책 쓰기를 통해 배움의 끈을 놓지 않는 것이 내 인생에 대한 예의일 것입니다.

보통 사람은 등 따습고 배부른 순간에 위기가 온다고 합니다. 그 순간 겸손하게 꾸준히 노력하기는 쉽지 않기 때문입니다. 본인이 잘 나간다면 지금 책을 써야 합니다. 내가 언제 내리막 인생을 살지 모르기 때문입니다.

지금 내 삶에 시련이 있고 아픔이 있다면 더욱 책을 써야 합니다. 도산 정약용도 유배 생활을 통해 수많은 작품을 쓸 수 있었습니다. 내가 직장에서 큰 고통을 겪고 있다면, 엄청난 위기에 봉착해 있다면, 지금이 바로 책을 써야 할 최적의 시점입니다.

바빠서 책을 쓸 시간이 없다는 것은 핑계입니다. 바쁘기 때문에 더 책을 써야 합니다. 마냥 바쁘게만 살다 보면 언젠가는 불행한 자신을 만나게 될 것이기 때문입니다.

호랑이는 죽어서 가죽을 남기듯이 사람은 책 한 권이라는 흔적을 남겨야 하는 시대입니다. 아이들에게 책을 많이 읽어라! 공부해라! 대신 나 자신부터 책을 읽고 공부하고 나의 인생을 글로 정리하다 보면 자녀들의 학습 분위기 형성에 도움이 될 것입니다.

세상은 당신의 책을, 아니 당신의 명령을 기다리고 있다. 사표를 쓰지 말고 책을 쓰자!

내가 간절히 원하고 상상하면 어느 순간 현실이 되어 있을 것입니다.

나의 몸과 마음을
알아차리다

리더로서 여러 가지 의무를 수행하다 보면 조직의 발전을 위해
개인의 몸과 마음이 아파지는 것을 모른 채 무리하게 일을 하다가
종국에 건강을 잃어버리는 경우가 종종 있습니다. 조직의 리더로 살
아가는 사람은 내 인생의 주인공 역할도 성실히 수행해야 합니다.

**우리는 모두 시한부 인생입니다. 마지막 순간에 배우자나 자녀와
의 시간을 많이 보내지 못한 것을 아쉬워하며 "그동안 미안했다 사
랑한다"라고 삶을 마감하기에는 너무 억울할 수 있습니다.**

애플 창업자 스티브 잡스는 스탠퍼드대 졸업식 연설에서 "내가
죽을 것이라는 사실을 기억하는 것은 인생에서 큰 선택을 할 때
가장 중요한 도움이 됐다"라고 말했습니다.

하버드대 로버트 캐플런 교수도 직업을 선택할 때 "당신에게 남

은 날이 일 년이라면 그 시간을 어떻게 보내겠는가?"라고 자문하라고 조언했습니다.

〈아침에는 죽음을 생각하는 것이 좋다〉라는 서적이 베스트셀러가 되었듯이 삶의 마무리를 생각한다면 다른 사람의 시선에 흔들리지 않고 지금의 삶을 더 농밀하게 보낼 수 있을 것입니다.

리더로서 급변하는 현대사회를 따라가기에 너무 힘든 점이 많습니다. 전 세계적인 키워드인 4차 산업혁명 시대를 맞이하여 인공지능이 우리의 일자리를 침범해 온다고 사회학자들은 예견합니다. 물론 그전에도 점점 제조업, 서비스업을 비롯한 우리의 일자리가 로봇이나 무인 결제기 등에 의해 잠식당하고 있었습니다.

이런 상황에서 업무 공간이 자동화되고 우리가 속한 산업이 경쟁이 치열해지면서 매출 압박에 밤잠을 설치기도 합니다. 이런 단기간에 해결되지 않는 다양한 유형의 걱정과 고민거리들이 스트레스를 강화하고 잠을 설치게 만듭니다.

우리의 마음은 하루에도 몇 번씩 이런저런 생각과 감정을 만들어 냅니다. 그런 과정이 우리를 건강하게 하는 데 문제가 되기도 합니다. 한순간의 잘못된 생각과 감정이 큰일을 망치는 경우를 흔히 경험합니다.

이런 흔들리는 마음의 중심을 잡기 위해 '명상'이 최근 들어 다시 떠오르고 있습니다. 특히 오늘날 영미권에서 인기를 끄는 명상이 '마음 챙김'입니다.

'마음 챙김'은 단순합니다. 그냥 **내 삶에 관심을 가지는 것**입니다. 내 몸과 마음에 집중하면서 나에게 무슨 일이 일어나는지 정확하게 보는 노력입니다. 따로 판단하지 않고 지금, 이 순간 있는 그대로를 받아들이는 것이 '마음 챙김'의 시작입니다.

> "지금 일어나는 현상을 알아차리는 것으로 충분하다. 지금 무슨 일이 일어나고 있는지 알아차리고 있다면 그것이 무슨 일이든 관계없이 당신은 '마음 챙김' 명상을 제대로 하는 것이다."
>
> — 존 카밧진 〈처음 만나는 마음 챙김 명상〉 —

많은 사람이 '마음 챙김'을 하다 보면 깨닫는 것이 있습니다. 지금까지 얼마나 나의 마음을 들여다보지 못했는지 말입니다. 한편으로는 내 마음을 챙기지 못하면 주어진 조건과 상황에 수동적으로 끌려가기 쉽습니다.

특히 듣기와 말하기를 하다 보면 자연스럽게 대화의 중심에 '마음 챙김'이 연결고리 역할을 합니다. 마음과 마음이 모여 하나의 위대한 하모니를 만들어 내는 것입니다. 또한 '마음 챙김' 듣기는 다른 사람의 말에만 집중하는 것을 의미하지 않습니다. 자기 안에 있는 상처받은 내면의 소리도 끌어안아야 합니다.

'마음 챙김'의 또 다른 이름은 '**통찰(Insight)**'입니다. 자신의 내면을 바라보는 명상을 통해 자신의 삶에 긍정적 통찰력을 얻을 수 있기 때문입니다. 미국에서 오래전부터 통찰 명상 모임을 운영했던 심리학자 잭 콘필드 박사는 사회적 책임을 강조했습니다. "명상의 큰 목적은 자신이 전체 중 일부임을 깨닫고 자신의 삶의 어떤 장면도 회피하지 않는 것입니다."

결국 명상이 우리 사회에 필요한 이유는 개인의 변화로 시작하지만, 점차 조직의 변화, 궁극적으로 사회와 인류의 변화에 그 목적이 있기 때문입니다. 우리 사회에서 '마음 챙김'을 하는 사람들이 많아지면 우리들의 일상에서 말과 행동이 바뀔 수 있습니다.

나밖에 몰랐던 사람이 명상을 통해 마음이 점점 열리고, 그런 긍정의 에너지가 자기 자신뿐만 아니라 다른 사람도 인정하게 됩니다. 그런 사람이 많아지다 보면 우리 사회가 긍정적으로 변할 수 있기 때문입니다.

결국 모든 대화의 시작은 "나는 어떤 사람이 될 것인가?"에서 비롯됩니다. 이는 우리 마음을 수시로 들여다보아야 하는 이유이기도 합니다. 결국 '깨어 있음', '마음 챙김'에서 시작된 단어는 '성취', '사랑', '동료애' 등으로 확대될 수 있습니다.

지금부터라도 리더인 우리는 매년 하는 건강검진과 별도로 마음 검진을 통해 나를 알아나가는 노력을 해야 할 것입니다.

이런 노력이 결국 나의 건강은 물론 가족과 조직의 건강까지 챙길 수 있을 것입니다. 더 나아가 리더로서 겪게 되는 다양한 고난과 기쁨도 있을 것입니다. 이럴수록 일희일비(一喜一悲)하지 않고 '이 또한 지나가리라'라고 여기며 사회에서 큰 어른의 삶을 살아야 할 것입니다.

성공이란
무엇인가?

남의 성공을 도우면 나의 성공이 따라온다.

성공은 내가 주변 사람들을

얼마나 밟고 올라섰느냐에 좌우되는 것이 아니다.

오히려 주변 사람들을 얼마나 끌어올려 주느냐에 달려있는 것이다.

그렇게 하는 과정 속에서 사람들은 나를 끌어올려 주고

나도 그렇게 해 주었다.

— 조지 루커스(영화 스타워즈 감독) —

일찍이 철강왕 앤드류 카네기는 '타인을 부자로 만들지 않고서는 아무도 부자가 될 수 없다'라고 말했습니다. 플라톤은 '남을 행복하게 해 줄 수 있는 사람만이 행복을 얻을 수 있다'라고 했습니다. 타인의 행복과 성공을 먼저 도우면 나의 행복과 성공도 자연스럽게 따라오기 때문입니다.

리더라면 내 인생에 있어 '성공'이란 무엇인지 정의할 필요가 있습니다. 그것이 경제적인 성공인지, 사회에서 승진을 통한 명예인지 아니면 가족과 같은 행복에 의미를 둘 것인지, 아니면 세상에 '빛과 소금' 같은 이바지를 할지 말입니다. 젊은 직원들이 워라밸을 중시하듯이 우리 리더들도 내가 무엇을 좋아하는지, 내 삶의 종착지는 무엇인지 치열하게 고민해 보아야 합니다.

그렇지 않으면 초연결사회에 남의 인생을 살 수 있습니다. 우리는 학창 시절 대학입학을 위해 초중고 12년을 올인하며 행복을 유예했습니다. 그리고 대학에서는 좋은 직장에 들어가기 위해, 직장에 들어가면 결혼과 함께 내 집 마련을 위해, 그리고 지금은 자녀의 학업과 사교육비를 위해 또 자신의 행복을 유예합니다.

그리고 지금은 세계 최고의 노인빈곤율을 피하기 위한 노후 준비로 오늘의 행복을 잠시 접어 둡니다. 결국 하루라도 빨리 정의를 내려야 합니다. 그렇지 않으면 삶의 마지막 순간에 지금까지 '나는 남의 인생을 사느라 정작 행복하지 않았다'라고 외치며 어느 병원의 중환자실에서 생을 마감할 수도 있습니다.

'당신의 삶을 의미 있게 하는 것은 무엇인가요?' 미국 여론조사 업체 퓨리서치센터가 최근 17개 선진국 성인 2만여 명을 대상으로 조사를 했습니다. 1위에 오른 답변은 '가족'이었으며 17개국 중 14개국 국민이 답했습니다.

가족을 1순위로 꼽지 않은 나라는 스페인, 한국, 대만뿐이었습니다. 세부 내용으로 스페인은 '건강', 대만은 '사회'를 가장 중요하게 여겼습니다. 한국은 '물질적 행복(Material well-being)'이 가장 나의 삶을 의미 있게 한다고 답했습니다. 조사국가 중에 물질적 행복을 1위로 지목한 나라는 한국이 유일했습니다.

한국인들은 가족이나 친구 같은 무형의 가치보다 돈과 같은 물질적 행복에 인생의 방점을 찍는다는 것이 우리 모두를 씁쓸하게 합니다.

SNS상에서 나라별 중산층의 기준이 유행했던 적이 있습니다.

한국 중산층의 기준	부채가 없는 30평 아파트 소유, 월 500만 원 이상의 급여, 2,000cc급 중형차, 1억 원 이상의 예금 잔고, 연 1회 이상 해외여행 등
프랑스 중산층의 기준	1개 이상 자유롭게 구사하는 외국어를 할 줄 아는 것, 직접 즐길 수 있는 스포츠 하나가 있을 것, 다룰 줄 아는 악기 한 가지가 있을 것, 남들과 다른 맛을 낼 수 있는 요리 하나가 있을 것, 공분(共憤)에 의연히 참여할 것, 약자를 도우며 봉사를 꾸준히 할 것

영국 중산층의 기준	페어플레이할 것, 자신의 주장과 신념을 가질 것, 독선적으로 행동하지 말 것, 약자를 두둔하고 강자에 대응할 것, 불의, 불평, 불법에 의연히 대처할 것

이렇듯 우리나라는 돈과 관련된 것에 집중되어 있지만, 선진국에서는 자신만의 취미와 가치관, 그리고 다른 사람을 도와주는 이타주의 등에 기반하고 있습니다.

대중매체를 통해 나오는 내용만 보면 현대사회는 '행복의 향연' 시대인 것 같습니다. 행복을 갈망하는 광고가 넘쳐나고, 관련 유튜브 영상이 온라인에 넘쳐납니다. 서점에도 행복을 찾기 위한 자기만의 비법을 담은 에세이가 열풍입니다. SNS상에는 나만 빼고 모든 사람이 부족함 없이 살아가는 것 같아 더 외로워집니다.

전문가들은 현대인이 과거보다 더 잘살게 되었으나 오히려 "더 우울하고, 더 스트레스받는" 삶을 살아가는 것 같다고 말했습니다. 돈이 인생의 전부는 아닐진대 "돈 = 행복"이라는 종교에 빠지는 듯합니다.

어느 TV 광고에 나온 내용입니다. 건강검진 결과를 확인하기 위해 병원을 찾은 50대 여성에게, 의사는 남은 시간이 9개월이라는 진단을 내립니다. 전혀 예상치 못한 결과에 할 말을 잃고 마는 여성, 이는 가족의 소중함을 알려주는 기획 영상 중 한 장면이었습니다.

9개월이라는 시간은 사실 앞으로 살 수 있는 시간이 아니라 가족과 함께할 수 있는 시간이었습니다.

기대 수명을 85세라 가정할 때 53세 주부에게 남은 시간은 32년, 그중 일하는 시간, 잠자는 시간, TV 또는 스마트폰 보는 시간, 그 외 혼자 있는 시간을 빼면 가족과 함께할 수 있는 오롯한 시간은 9개월뿐이었던 것입니다.

현대인들은 입만 열면 '바쁘다'라는 말을 달고 삽니다. 일이 많아서, 피곤해서 등등 소소한 행복을 누리지 못한 채 앞만 보며 달려가는 '폭주 열차' 같습니다.

성공이란 무엇인가?

– 랠프 월도 에머슨 –

자주 그리고 많이 웃는 것
현명한 이에게 존경을 받고
아이들에게서 애정(사랑)을 받는 것
정직한 비평가로부터 찬사를 듣고
친구의 배반을 견뎌내는 것
아름다움의 진가를 알아내는 것

다른 이들의 가장 좋은 점을 발견하는 것
건강한 아이를 낳든,
작은 정원을 가꾸든,
사회 환경을 개선하든,
세상을 조금이라도 더 좋은 곳으로 만들고 떠나는 것
당신이 살아 있었기 때문에
단 한 사람의 인생이라도 조금 더 쉽게 숨 쉴 수 있었음을 아는 것
이것이 진정한 성공이다.

조직과 가정에서 모두 리더의 삶을 살아가는 우리는 어떤 식으로 영화의 엔딩장면처럼 '내 인생의 라스트 신'을 장식할지 하루빨리 결정해야 합니다. 우리의 삶은 유한하고 부모님도, 가족들도, 주변의 소중한 사람들도 마냥 우리를 기다려 주지 않기 때문입니다.
세상은 공정하고 착한 리더, 품격있는 리더를 원하고 있습니다. 이것이 나만의 '성공의 정의'를 재정립 해야 하는 이유입니다.

무엇보다 그것이 '내 인생 영화의 주인공'으로 사는 첫 단추이기 때문입니다.

도서

김태윤,『부모力』, 창해, 2021

조영탁,『당신의 팀은 괜찮습니까』, 행복한북클럽, 2019

한근태,『리더란 무엇인가』, 샘터, 2022

이종봉,『팀장의 생각법』, 지식공감, 2020

안병기,『거인의 어깨』, 플랜비디자인, 2021

후지타 가쓰토시,『어떻게 경영할 것인가』, 비즈니스북스, 2022

이창준,『리더십 문을 열다』, 플랜비디자인, 2020

김정현,『팀장 리더십 수업』, 센시오, 2021

참고기사

신가희, '대퇴사 시대'… 직장내 행복도 높이는 건.. ≪사례뉴스≫,
2022.04.13

기타

조영탁의 행복한 경영이야기

고도원의 아침편지